北京市微循环纯电动公交车运用技术分析

张秀媛　张　平　王昊明　吴家庆 著
王姗姗　世保国　刘洪利 审

人民交通出版社股份有限公司
北　京

内 容 提 要

本书系统介绍了我国城市公共交通能耗和纯电动公交车运用的技术发展，给出了城市公共交通用能结构和纯电动公交车运营的技术经济指标，系统阐述了城市公共交通能耗测算的主要环节和指标、纯电动公交车类型和适用范围以及纯电动公交车电池寿命的相关概念和基本分析方法，介绍了公交微循环线路采用纯电动公交车运营技术的条件和可行性，为北京市绿色公交服务于居民出行"最后一公里"提供参考。

本书可作为从事城市交通规划、运营管理的专业技术人员的参考书使用，也可作为城市公共交通运营管理专业人员培训教材、高等院校相关专业的教材或教学参考书使用。

图书在版编目（CIP）数据

北京市微循环纯电动公交车运行技术经济性研究/张秀媛等著. —北京：人民交通出版社股份有限公司，2021.10
　ISBN 978-7-114-17556-5

Ⅰ. ①北… Ⅱ. ①张… Ⅲ. ①电动汽车—公共汽车—研究—北京 Ⅳ. ①U469.72

中国版本图书馆 CIP 数据核字（2021）第 159872 号

Beijingshi Weixunhuan Chundiandong Gongjiaoche Yunyong Jishu Fenxi

书　　　名：	北京市微循环纯电动公交车运用技术分析
著 作 者：	张秀媛　张　平　王昊明　吴家庆
责任编辑：	钱　堃
责任校对：	席少楠
责任印制：	张　凯
出版发行：	人民交通出版社股份有限公司
地　　　址：	（100011）北京市朝阳区安定门外外馆斜街 3 号
网　　　址：	http://www.ccpcl.com.cn
销售电话：	（010）59757973
总 经 销：	人民交通出版社股份有限公司发行部
经　　销：	各地新华书店
印　　刷：	北京虎彩文化传播有限公司
开　　本：	720×960　1/16
印　　张：	10.75
字　　数：	201 千
版　　次：	2021 年 10 月　第 1 版
印　　次：	2021 年 10 月　第 1 次印刷
书　　号：	ISBN 978-7-114-17556-5
定　　价：	55.00 元

（有印刷、装订质量问题的图书由本公司负责调换）

前言

随着我国城市化、机动化进程的加快,部分大城市道路交通拥堵、汽车尾气排放等带来的环境污染问题越来越严重。为此,近年来我国许多城市借鉴发达国家城市交通发展的经验和教训,加强交通需求管理,注重交通结构优化,开展"公交都市""公交优先发展"的规划和建设,大力引进并自主开发的新能源交通工具,使地面常规公共交通子系统的运营结构和车辆用能类型发生了变化。

19世纪80年代,世界上第一辆电动汽车(Electric Vehicle,EV)诞生。电动汽车的特点是汽车完全或部分由电力驱动,能够实现零排放和低排放。本书对电动汽车的类型、电池特点、车辆结构及技术等进行了重点介绍。

科研探索服务于生产实践、教学和相关行业发展。为适应我国城市交通的快速发展和对城市公共交通课程体系中新能源车辆运用知识的需要,笔者将本书定位为城市公共交通运营管理的行业参考资料和专业教学教材。

本书是笔者多年来在城市公共交通运营管理和不同用能结构的车辆运用理论研究、示范工程实践研究、居民出行行为特点研究等相关课题研究成果的基础上完成的。同时,本书也借鉴了城市交通相关管理部门、专家学者的宝贵意见。本书中的术语保留了交通行业惯用用语,其中《城市公共交通分类标准》(CJJ/T 114—2007)中的道路公共交通系统在本书中称"地面公共交通系统",道路公交系统称"地面常规公共交通系统";本书增补了纯电动公交车相关概念,蓄电池简称"电池",电池更换模式的公交车简称"电池更换纯电动公交车"。

本书是在国家社会科学基金项目"我国交通能源消耗统计指标和评估研究"(项目编号:11-BTJ-016)、北京市科学技术委员会科技计划项目"微循环纯电动公交车示范运行"(项目编号:Z141100004014023)的资助下完成的。本书参考了国内外大量相关文献、交通能源统计资料等,以及北京市科学技术委员会"北京市微循环纯电动公交车示范运行"课题成果、北京市政府关于公共交通方面的相关政策。希望通过本书的学习,行业工作人员能加深对纯电动公交车运用的认识,学生能够掌握城市公共交通系统能源车辆运用的一些基础知识,为将来从事城市公共交通领域的宏观管理与决策、工程设计与规划、日常运营管理等方面的研究奠定基础。

本书由张秀媛、张平、王昊明、吴家庆合著。具体撰写分工为:第1章由张秀媛和张平执笔;第2章和第3章由张秀媛和王昊明执笔;第4章和第5章由张秀媛和吴家庆执笔;第6章至第8章由张秀媛执笔。全书由王姗姗、世保国、刘洪利共同审稿,由王贝贝、王俊秀负责数据的整理和图表的绘制工作。

本书可以作为城市公共交通系统相关决策与管理人员,交通工程规划、设计与咨询人员,企业运营管理人员的参考书,也可作为城市公共交通相关专业本科生和研究生的教学参考用书。

本书在编写过程中得到了北京公共交通控股(集团)有限公司吴永智、赵汝亮和电车客运分公司赵冬等的大力帮助,孙浩等研究生在资料整理方面提供了不少帮助,在此深表感谢!

由于作者水平所限,书中难免有疏漏之处,敬请同行专家和广大读者批评指正。

作　者
2020 年 12 月

目 录

1 北京市地面公共交通系统 ·· 1
　1.1 北京市地面公共交通系统发展概况 ······················· 1
　1.2 北京市地面常规公交车能耗分析 ··························· 4
2 北京市纯电动公交车应用 ·· 17
　2.1 纯电动公交车及其相关技术 ································ 17
　2.2 纯电动公交车运营的可行性 ································ 22
　2.3 国内外纯电动公交车发展现状 ····························· 26
3 地面常规公交线路纯电动公交车运用分析 ····················· 30
　3.1 纯电动公交车电池 ·· 30
　3.2 纯电动公交车运营技术经济性 ····························· 36
　3.3 快充纯电动公交车运营线路分析 ·························· 42
　3.4 电池更换纯电动公交车示范运营分析 ···················· 44
　3.5 北京纯电动公交车运营的发展 ····························· 60
4 北京市微循环纯电动公交车应用条件分析 ····················· 66
　4.1 微循环线路需求特征分析 ··································· 66
　4.2 微循环电池更换电动公交车充换电系统 ················· 68
　4.3 微循环电池更换纯电动公交车可行性分析 ·············· 71
　4.4 电池更换纯电动公交车线路技术参数标定 ·············· 77
5 微循环快充纯电动公交车技术经济性分析 ····················· 96
　5.1 微循环快充纯电动公交车技术特征 ······················· 96
　5.2 微循环纯电动公交车运营成本分析 ····················· 107
　5.3 微循环快充纯电动公交车比较优势分析 ··············· 112
6 微循环快充纯电动公交车运营理论分析 ······················ 117
　6.1 北京市微循环线路分布和电动车运行参数 ············ 117
　6.2 微循环快充纯电动公交车运行方案设计 ··············· 119
　6.3 微循环快充纯电动公交车能耗结构与运行特点比较 ·· 123

  6.4 微循环快充纯电动公交车关键参数交叉分析 ·················· 126
  6.5 微循环快充纯电动公交车适配线路与能耗测算关系 ·········· 131
7 微循环快充纯电动公交车实施分析 ··· 135
  7.1 微循环快充纯电动公交车适配线路选择 ························· 135
  7.2 微循环快充纯电动公交运营线路选择分析 ······················ 137
  7.3 微循环快充纯电动公交车示范效果 ································ 140
8 微循环纯电动公交车线路大规模运用分析与建议 ····················· 147
  8.1 电动车维修保养成本比较分析 ······································· 147
  8.2 电池寿命匹配分析 ··· 151
  8.3 电动公交车日常维护管理 ··· 153
  8.4 微循环纯电动公交车线路运用主要建议 ························· 157
  8.5 微循环线路 6~8m 纯电动公交车运营性能改进建议 ········ 159
参考文献 ··· 161

1 北京市地面公共交通系统

1.1 北京市地面公共交通系统发展概况

1.1.1 发展历程

北京市地面公共交通始于20世纪初。以下主要以北京市公共汽车为例介绍北京市地面公共交通的发展历程。

1921年至1949年是北京市地面公共交通初步发展阶段。截至1956年底,北京市公共汽车线路达到27条,和1949年相比,增长5.8倍;运营线路总长为357km,增长近10倍;年客运量达到23540万人次,和1949年相比,增长205倍。从1956年至1966年底,公共汽车营运线路由27条发展到65条,增长2.4倍;运营车数增长1.6倍;客运量达5.1亿人次,增长1.2倍。1966年至1984年是北京市公共交通进入综合交通体系发展阶段,公共汽车数量逐年递增,从1966年的1123辆增加到1976年的1954辆,1984年增加到3369辆。同时,运营线路进一步增多,从1966年的65条增加到1975年的96条,1985年增加到150条。并且,郊区线路条数超过了市区线路,大站快车和夜班车线路形成网络,实现了快慢结合、日夜衔接的交通运行体系。

为了适应北京市公共交通综合交通结构发展的新形势,1980年8月,北京公共交通局改为北京公共交通总公司。北京公共交通加快了改革发展步伐,1989年组建了"运、保分离"的专业车场,使公共汽车运营和保修走上了专业化、区域化管理道路。随后,北京公共汽车的车辆和线路数量继续快速稳步增长,1995年末,运营车辆达3927辆,比1984年增加558辆,增长16.56%;运营线路246条,比1984年增加101条,增长69.66%;客运量31.1亿人次,是1984年10.61亿人次的2.93倍。

自1994年北京公共交通总公司进入一个快速发展的新阶段,到2000年的六年时间里，运营车总数由7819辆增加到15445辆，增长97.53%；运营线路由517条增加到701条，增长35.59%；年客运量由30亿人次增加到38亿人次，增长26.67%。

1999年，北京公共交通总公司加快推进清洁燃料工程，购置清洁燃料车2283辆，其中300辆装用美国康明斯纯天然气发动机的车辆已将长安街、二环主路等骨干线路的236辆柴油车全部替换。到2000年末，北京公共交通总公司清洁燃料车总数达到5923辆，占全部公共汽车总数的78.9%，其中纯天然气公共汽车1300辆。

1990年至2000年，出租车发展进入高潮期，2000年出租车客运量为1990年的10倍之多。但这一时期的公共交通客运量提高缓慢。2000年至2013年，随着公交改革和公交优先政策的实施，公共交通设施发展迅速，公共电汽车客运量也有一定增长，营运线路680条，营运线路长度15584.8km，其中小型公共汽车3251辆，营运线路222条，线路长度4151.7km。另外，2005年北京市公共交通总公司改制更名为北京公共交通控股（集团）有限公司。

2013年至2019年，北京公共交通发展迅速。截至2019年底，北京公共交通控股（集团）有限公司（以下简称北京公交集团）在册运营车辆31378辆，其中公交客运车辆23010辆；共有常规公交线路1162条，多样化线路455条；公共电汽车行驶里程达12.79亿km，年客运量达31.34亿人次。公共电汽车承担着北京市地面公共交通的主要任务，在北京城市公共交通发展中发挥着重要作用。

1.1.2 发展方向

1. 大力发展绿色公交

按照首都大气环保和PM2.5值综合治理的总体要求，北京公交集团坚持推进车辆节能环保，大力发展绿色公交。截至2015年底，北京公交集团共有22366辆公共电汽车达到国Ⅲ以上排放标准，其中新能源车1673辆（625辆纯电动车、1048辆双源电动车）；清洁能源车7509辆[2249辆压缩天然气（CNG）车、5260辆液化天然气（LNG）车]；柴油车13184辆（348辆满足欧Ⅵ排放标准车、701辆满足国Ⅴ排放标准车、6499辆满足国Ⅳ排放标准车、862辆混合动力车、4774辆满足国Ⅲ排放标准车），公交车辆的科技环保水平始终保持全国前列。

2014年底，北京公交集团在继2008年采用电池更换纯电动公交车投入运营之后，首次尝试运行直插快充纯电动公交车示范运营线路，分别为7条APEC（亚太经济合作组织）会议期间开通的线路和10条北京市微循环示范线路。

2. 完善快速公交线路

北京公交集团开通了快速公交线路这种新的公交模式。快速公交比商务班车票价便宜，比普通公交快捷。同时，快速公交车辆都配置空调，并可走公交专用道，开通的部分线路分布相对均衡：东部覆盖通州、国贸、燕郊地区；北部覆盖望京、史各庄、清河地区；西部覆盖石景山水泥厂、丰台云岗地区；南部覆盖黄村、亦庄地区。每一条线路都是早晚高峰运营。快速公交线路主要分长距离和短距离两类，其中长距离线路主要是围绕快速通勤走廊设计，短距离线路则连接大型商务区、居住区与地铁站。无论长短，这些线路均采取直达或大站快车的方式，不像普通公交线路的站站停靠。

3. 推广微循环纯电动公交车

北京公交集团继2008年运营纯电动公交车后，积极探索并推广纯电动公交车。2014年底首次推出快充模式纯电动公交微循环线路，为居民通勤、通学等日常公共交通出行提供基础条件，重点解决市民接驳换乘、出行"最后一公里"问题。

1.1.3　公交微循环线路

北京市为了满足首都社会经济快速发展带来的居民日常出行客流量大、短途出行客流量大等需求，结合路网微循环条件，在居民小区和商务区布设微循环公交线路，实现便捷的短途出行，进一步完善公交四级线网。

公交四级线网由快线、普线、支线和微循环线四部分组成。快线主要承担跨区域出行服务，布设在快速路、主干道和承担城市交通功能的高速公路上。普线主要承担相邻区域间的出行服务，布设在快速路和主干道上。支线主要承担区域内出行服务，布设在主干道和次干道上。微循环线主要承担出行起讫点与快线、普线、支线沿线公共汽车站以及轨道交通车站间的出行服务，布设在支路和居住区道路上。四级线网上形成均衡的道路网流量，可提高整个城市道路系统的运行效率。

微循环线路的布设，完善了公交和其他出行方式的衔接覆盖程度，为日常工作和生活出行便捷性提供了可能。微循环线路主要承担着居民出行"最后一公里"的公交服务，因此它的发展应引起城市交通相关部门足够的重视并加大投入力度。在规划微循环线路时，除了考虑站点接驳、站点覆盖率等因素外，还要结合微循环线路特点和车辆大小、所用能源类型等进行分析，既要服务于居民"最后一公里"出行需求，也要科学、经济、合理地运用公交资源，统筹规划，合理实施，以使微循环线路布设的效用达到最大。

1.2 北京市地面常规公交车能耗分析

1.2.1 能源费率参数的引入

本书在考虑车辆运行能源消耗费用的同时,引入车辆维修保养及相关设施的费用,定义能源费率的概念,综合考虑车辆在制造、运行、维修等方面的能源消耗,从车辆的总体经济性方面考虑能源消耗。地面常规公交系统总能耗费用模型如式(1-1)所示:

$$C = \sum_{j}(\eta_j \times L_j \times \alpha_j \times Q_j) \tag{1-1}$$

式中:C——地面常规公交系统总能耗费用,元;

j——不同类型公交车,$j=1$ 代表欧Ⅳ柴油车,$j=2$ 代表天然气车,$j=3$ 代表混合动力车,$j=4$ 代表公共电车,$j=5$ 代表纯电动车,$j=6$ 代表汽油车,部分公交车可细分为空调车(C_{j1})和非空调车(C_{j2});

η_j——第 j 类公交车的能源费率,元/km;

L_j——第 j 类公交车的单车年行驶里程,百公里;

α_j——第 j 类公交车结构,即第 j 类公交车保有量占城市公共交通车辆总数的比例;

Q_j——第 j 类公交车总保有量,辆。

1.2.2 能源费率计算模型的建立

所谓能源费率,是指车辆行驶单位里程消耗能源所花费的开销,计算公式为:

$$\eta_j = \frac{M_{Tj}}{L} \tag{1-2}$$

式中:η_j——第 j 类公交车的能源费率,元/km;

M_{Tj}——第 j 类公交车的全寿命成本,元;

L——所有类型公交车的年均行驶里程,百公里。

第 j 类公交车全寿命成本 M_{Tj} 的计算如式(1-3)所示:

$$M_{Tj} = M_{Pj} + M_{Rj} + M_{Mj} + M_{Oj} \tag{1-3}$$

式中:M_{Pj}——第 j 类公交车的购置成本,元,可将车辆运行消耗的材料及购车所产生的费用按照车辆的寿命折算到单车购置成本里;

M_{Rj}——第 j 类公交车的运行成本,元,运行成本主要考虑车辆运行中消耗的能源费用;

M_{Mj}——第j类公交车的维护保养成本,元,维护保养成本是指公交车每年定时维护保养所消耗的成本;

M_{Oj}——第j类公交车的其他成本,元,其他成本主要是指与公交车相关的配套设施建设及运营费用,公交车车型不同,其他成本也各不相同,如柴油车加注尿素的费用和纯电动车的电车租赁费用。

1. 购置成本

第j类公交车的购置成本M_{Pj}的计算公式如下:

$$M_{Pj} = \frac{M_{Pjb}}{Y} + \frac{M_{Pjo}}{X_j} \tag{1-4}$$

式中:M_{Pjb}——第j类公交车的车辆购置费用,元,主要指购置单车成本,购价不同的车辆用均值计算;

M_{Pjo}——第j类公交车购置其他设备的费用,元,如纯电动车购置电池的费用;

Y——全车寿命,可用各类公交车的报废年限来表征;

X_j——第j类公交车购置其他设备的使用年限。

2. 运行成本

第j类公交车的运行成本M_{Rj}的计算公式如下:

$$M_{Rj} = L \times G_{jk} \times p_k \tag{1-5}$$

式中:L——所有类型公交车的年均行驶里程,百公里;

G_{jk}——第j类公交车的百公里能耗,$k=1$代表消耗的能源种类为柴油,$k=2$代表消耗的能源种类为天然气,$k=3$代表消耗的能源种类为电能,$k=4$代表消耗的能源种类为汽油;

p_k——第k类能源的单价;$k=1$代表柴油单价,元/L;$k=2$代表天然气单价,元/m³;$k=3$代表电能单价,元/(kW·h);$k=4$代表汽油单价,元/L。

3. 维护保养成本

第j类公交车的维护保养成本M_{Mj}的计算公式如下:

$$M_{Mj} = \frac{M_{MjT}}{H_{MjT}} \tag{1-6}$$

式中:M_{MjT}——第j类公交车维护保养年度总费用,元;

H_{MjT}——第j类公交车年度维护保养车辆总数,辆。

4. 其他成本

第 j 类公交车的其他成本 M_{Oj} 的计算公式如下：

$$M_{Oj} = \sum_{n=1}^{5} M_{Ojn} \tag{1-7}$$

式中：M_{Ojn}——第 j 类公交车的其他成本中的第 n 部分成本，$n=1,2,\cdots,5$，分别表示其他成本中的尿素加注成本、加油站设施建设及运营成本、加气站设施建设及运营成本、电池租赁及电池更换成本，以及上述 4 种成本以外的成本。

当 $n=1$ 时，M_{Oj1} 表示第 j 类公交车的其他成本中的尿素加注成本，计算公式如下：

$$M_{Oj1} = L \times G_{jk} \times p_k \tag{1-8}$$

式中：L——所有类型公交车的年均行驶里程，百公里；

G_{jk}——含义同式(1-5)，其中 $k=5$ 时，表示第 j 类公交车的百公里尿素加注量；

p_k——含义同式(1-5)，其中 $k=5$ 时，代表尿素单价，元/kg。

当 $n=2$ 时，M_{Oj2} 表示第 j 类公交车的其他成本中的加油站设施建设及运营成本，计算公式如下：

$$M_{Oj2} = \frac{W_{ab}}{Y_a H_a} + \frac{W_{ar}}{H_a} \tag{1-9}$$

式中：W_{ab}——加油站建设总费用，元；

W_{ar}——加油站年运营费用，元；

Y_a——加油站使用年限，年；

H_a——加油站年均服务车辆数，辆。

当 $n=3$ 时，M_{Oj3} 表示第 j 类公交车的其他成本中的加气站设施建设及运营成本，计算公式如下：

$$M_{Oj3} = \frac{W_{bb}}{Y_b H_b} + \frac{W_{br}}{H_b} \tag{1-10}$$

式中：W_{bb}——加气站建设总费用，元；

W_{br}——加气站年运营费用，元；

Y_b——加气站使用年限，年；

H_b——加气站年均服务车辆数，辆。

当 $n=4$ 时，M_{Oj4} 表示第 j 类公交车的其他成本中的电池租赁及电池更换成本，计算公式如下：

$$M_{Oj4} = \frac{M_R + M_T}{Q_j} \tag{1-11}$$

式中：M_R——第 j 类公交车的电池租赁总费用，元；
M_T——第 j 类公交车的电池更换总费用，元；
Q_j——第 j 类公交车的保有量，辆。

当 $n=5$ 时，M_{Oj5} 表示第 j 类公交车的其他成本中除以上 4 种成本以外的成本，如计算无轨电车其他成本时要考虑无轨电车线网及变电站的建设及运营成本。

1.2.3　北京市地面常规公交系统能耗分析

上文提出的能耗费用模型逻辑关系如图 1-1 所示。

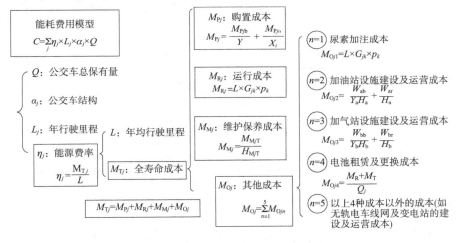

图 1-1　改进后的能耗分解模型逻辑关系

从图 1-1 中可以看出，改进后的能耗分解模型公式也可以写作：

$$C = \sum_j \left[\frac{\left(\frac{M_{Pjb}}{Y} + \frac{M_{Pjo}}{X_i}\right) + (L \times G_{jk} \times p_k) + \frac{M_{MjT}}{H_{MjT}} + \sum_{n=1}^{5} M_{Ojn}}{L} \times L_j \times \alpha_j \times Q_j \right] \quad (1-12)$$

其中：

$$\begin{aligned} M_{Oj} &= \sum_{n=1}^{5} M_{Ojn} \\ &= M_{Oj1} + M_{Oj2} + M_{Oj3} + M_{Oj4} + M_{Oj5} \\ &= (L \times G_{jk} \times p_k) + \left(\frac{W_{ab}}{Y_a H_a} + \frac{W_{ar}}{H_a}\right) + \left(\frac{W_{bb}}{Y_b H_b} + \frac{W_{br}}{H_b}\right) + \left(\frac{M_R + M_T}{Q_j}\right) + M_{Oj5} \end{aligned} \quad (1-13)$$

1. 数据来源

北京市各类型公交车数据获取难度较大，本案例中的数据主要是 2010 年数据。数据来源具体如下：

(1)《北京市统计年鉴2010》数据；

(2)北京公交网官方网站等；

(3)《关于北京市新能源汽车推广应用状况的调研报告》等相关报告；

(4)根据已有的数据按照差分等方法推测。

整理后得到各类型公交车的相关指标数据，见表1-1。

各类型公交车的相关指标数据　　　　　表1-1

指　　标	柴油车	天然气车	混合动力车	无轨电车	纯电动车
保有量(辆)	16642	3133	860	640	100
单车价格(万元)	60	81	127	108	133
百公里能耗	39.89L	47m^3	30.77L	110kW·h	126kW·h
年均行驶里程(百公里)	725.60	582.78	523.26	417.50	376.18
能源单价	7.14元/L	3.4元/m^3	7.14元/L	0.781元/(kW·h)	0.781元/(kW·h)
各类型车比例	77.86%	14.66%	4.02%	2.99%	0.47%

注：统计数据截至2014年，以2010年数据为基准年进行测算。

2. 能源费率

根据能源费率计算模型，引用表1-1中的相关数据，可以得到各类型公交车的购置成本、运行成本、维护保养成本、其他成本、全寿命成本和能源费率。计算结果分别见表1-2～表1-5。

不同类型公交车的购置成本　　　　　表1-2

指　　标	柴油车	天然气车	混合动力车	无轨电车	纯电动车
车辆购置费用(万元)	60	81	127	108	133
全车寿命(年)	8	8	8	8	8
其他耗材费用(万元)	—	—	—	—	125
其他耗材使用年限(年)	—	—	—	—	8
车辆购置成本(万元)	7.50	10.13	15.86	13.50	32.25

注：统计数据截至2014年。

不同类型公交车的运行成本　　　　　　　　　　　　表 1-3

指　　标	柴油车	天然气车	混合动力车	无轨电车	纯电动车
年均行驶里程(百公里)	648.93	648.93	648.93	648.93	648.93
百公里能耗	39.89L	47m^3	30.77L	110kW·h	126kW·h
能源单价	7.14 元/L	3.4 元/m^3	7.14 元/L	0.781 元/(kW·h)	0.781 元/(kW·h)
运行成本(万元)	18.48	10.37	14.26	5.57	6.39

注：统计数据截至 2014 年。

不同类型公交车的其他成本(单位：万元)　　　　　表 1-4

类　型	尿素加注费用	加油站费用	加气站费用	电池租赁及更换费用	电网及变电站费用	其他成本
柴油车	0.52	0.13	—	—	—	0.65
天然气车	—	—	0.76	—	—	0.76
混合动力车	0.52	0.13	—	—	—	0.65
无轨电车	—	—	—	—	6.00	6.00
纯电动车	—	—	—	20.00	—	20.00

注：统计数据截至 2014 年。

不同类型公交车的能源费率　　　　　　　　　　　表 1-5

指　　标	柴油车	天然气车	混合动力车	无轨电车	纯电动车
车辆购置成本(万元)	7.50	10.13	15.86	13.50	32.25
运行成本(万元)	18.48	10.37	14.26	5.57	6.39
维护保养成本(万元)	7.38	6.46	5.54	4.85	3.00
其他成本(万元)	0.65	0.76	0.65	6.00	20.00
全寿命成本(万元)	34.01	27.72	36.31	29.92	61.64
年均行驶里程(百公里)	648.93	648.93	648.93	648.93	648.93
能源费率(元/百公里)	524.09	427.16	559.54	461.07	949.87

由表 1-2 至表 1-5 可以看出，柴油车购置费用较低，其他成本较小，但运行费用偏高；天然气车总体情况与柴油车类似，但是各部分成本差距相对较小；混合动力车购置成本和运行成本偏高；纯电动车的主要限制是购车费用和电池租赁及更换费用太高。图 1-2 为不同类型公交车全寿命成本的构成比较。

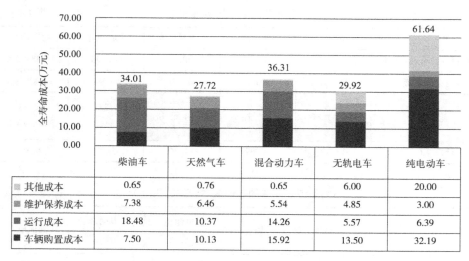

图1-2 不同类型公交车全寿命成本构成比较

从图1-2中可以看出,全寿命成本最低的是天然气车,其次是无轨电车;柴油车与混合动力车的成本接近;纯电动车全寿命成本最高,为61.64万元,约为天然气车的2.2倍,主要原因是纯电动车的购置成本和其他成本(配套设施,主要是电池更换和租赁成本)偏高,分别占全寿命成本的52.3%和32.4%,合计占全寿命成本的84.7%。

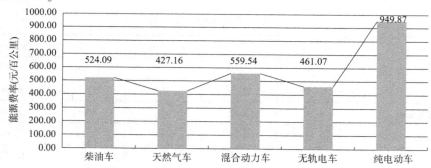

图1-3 不同类型公交车能源费率比较

从图1-3中可以看出,天然气车的能源费率最低,仅为427.16元/百公里;纯电动车经济性最差,为949.87元/百公里,约为天然气车的2.2倍;其余类型的公交车能源费率相差不大,基本维持在500元/百公里上下。

3. 能耗测算结果

按照改进后的能耗分解模型测算地面常规公交系统及不同车型的能耗费用,

如表 1-6 和图 1-4 所示。

能耗测算结果　　　　　　　　　　表 1-6

类　　型	柴油车	天然气车	混合动力车	无轨电车	纯电动车
能源费率 (元/百公里)	524.09	427.16	559.54	461.07	949.87
年均行驶里程 (百公里)	725.60	582.78	523.26	417.50	376.18
车型比例	77.86%	14.66%	4.02%	2.99%	0.47%
保有量(辆)	16642	3133	860	640	100
能耗费用(亿元)	63.29	7.80	2.52	1.23	0.36

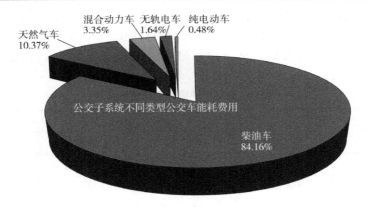

图 1-4　常规公交子系统能耗费用构成

对上述图表进行综合分析,可以得到如下几点结论:

(1)柴油车依然是公交系统能源消耗费用的主体,约占能源消耗总费用的 84.16%。

(2)纯电动车保有量偏少,技术有待进步,大力推广纯电动车还需突破电池的瓶颈限制。

(3)大力调整公交系统中新能源车辆的比例,稳定无轨电车的数量。

(4)应充分发挥电能及天然气的燃料油替代效果。

新能源公交车发展时间不长,所发挥的石油替代效果还不明显,在未来相当长的一段时间内,汽车能源仍将以燃料油为主。

1.2.4　地面常规公交系统的能源预测模型

在城市交通能源预测模型的基础上引入能源费率后,可以得到面向地面常规公交系统(简称公交系统)的能源预测模型,假设 t 年为基年,且能源消耗量已知,预测年为第 $t+1$ 年。

$$C^{t+1} = C^t + \Delta\eta + \Delta L + \Delta\alpha + \Delta Q \tag{1-14}$$

由式(1-14)可以看出,在基年能源消耗量已知的情况下,影响预测年第 $t+1$ 年能源消耗的因素有能源费率变化($\Delta\eta$)、年行驶里程变化(ΔL)、公交车结构变化($\Delta\alpha$)和公交车保有量变化(ΔQ)。要预测第 $t+1$ 年地面常规公交系统的能源消耗量,需要讨论从基年到预测年以上4个参数的变化。

以下选2010年为基年、2015年为预测年进行案例分析。

1. 情景设计

参照《北京市人民政府关于印发北京市建设人文交通科技交通绿色交通行动计划(2009—2015年)的通知》以及关于北京市新能源汽车推广应用状况的调研报告等提出的目标,重点考虑公交车保有量与能源费率两个因素,设定如下情景,见表1-7。

2015年公交车辆相关指标情景设定　　表1-7

类　型	高速变化		低速变化	
	能源费率	保有量	能源费率	保有量
柴油车	下降10%	增加10%	下降5%	增加5%
天然气车	下降10%	增加10%	下降5%	增加5%
混合动力车	下降30%	年增500辆	下降20%	年增300辆
无轨电车	下降10%	增加10%	下降5%	增加5%
纯电动车	下降50%	年增100辆	下降30%	年增50辆

围绕能源费率和公交车保有量两个因素的变化,这里共设置4种情景:
情景1:假定北京公交车辆能源费率处于高速变化,保有量处于高速变化;
情景2:假定北京公交车辆能源费率处于高速变化,保有量处于低速变化;
情景3:假定北京公交车辆能源费率处于低速变化,保有量处于高速变化;
情景4:假定北京公交车辆能源费率处于低速变化,保有量处于低速变化。

2. 预测结果分析

4种情景下2015年公交能源消耗费用结果如表1-8和图1-5所示。

不同情景下公交能源消耗费用预测结果(单位:亿元)   表 1-8

情　景	Δη	ΔL	Δα	ΔQ	基年	期年
情景 1	-10.01	0	-2.14	16.52	75.19	79.56
情景 2	-9.21	0	-1.35	9.23	75.19	73.86
情景 3	-5.37	0	-1.90	17.02	75.19	84.94
情景 4	-4.88	0	-1.21	9.50	75.19	78.60

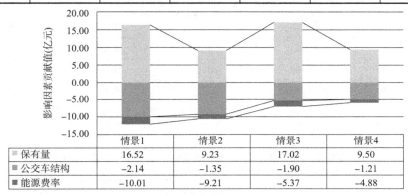

图 1-5　不同情景下公交各影响因素贡献值

各种情景下的能源消耗测算结果如下:

情景 1:2015 年较 2010 年能源消耗费用增加了 4.37 亿元,能源费率贡献值为 -10.01 亿元,公交车结构贡献值为 -2.14 亿元,保有量贡献值为 16.52 亿元。

情景 2:2015 年较 2010 年能源消耗费用降低了 1.33 亿元,能源费率贡献值为 -9.21 亿元,公交车结构贡献值为 -1.35 亿元,保有量贡献值为 9.23 亿元。

情景 3:2015 年较 2010 年能源消耗费用增加了 9.75 亿元,能源费率贡献值为 -5.37 亿元,公交车结构贡献值为 -1.90 亿元,保有量贡献值为 17.02 亿元。

情景 4:2015 年较 2010 年能源消耗费用增加了 3.41 亿元,能源费率贡献值为 -4.88 亿元,公交车结构贡献值为 -1.21 亿元,保有量贡献值为 9.50 亿元。

几种情景的交叉分析:

(1)能源费率和公交车保有量与公交能源消耗的关系。

对比情景 1 和情景 3 可知,能源费率的降低有效地降低了公交的能源消耗费用。通过计算可得,能源费率每降低 10%,整个公交系统能源消耗费用降低 6.34%。

对比情景 1 和情景 2 可知,公交车保有量的增加促使了城市公共交通的能源消耗费用的增加。通过计算可得,保有量每增加 10%,整个公交系统能源消耗费用增加7.72%。

综上所述,限制公交车数量增长,改变公交车结构,降低能源费率,提高燃油经济性,是降低整个公交系统能源消耗的有效措施。

(2)不同类型公交车能源费率和公交车结构的贡献值。

表1-9和表1-10为不同情景下不同类型车辆2015年能源消耗费用预测结果。不同情景下常规公交能源费率变化影响如图1-6所示。

各情景下不同类型车辆能源消耗费用(单位:亿元)　　表1-9

类　型	情景1	情景2	情景3	情景4
柴油车	-0.63	-3.48	2.85	-0.16
天然气车	-0.08	-0.43	0.35	-0.02
混合动力车	4.37	2.32	5.36	3.01
无轨电车	-0.01	-0.01	0.06	0.06
纯电动车	0.71	0.27	1.14	0.52

各情景下不同类型车辆能源费率变化的贡献值(单位:亿元)　　表1-10

类　型	情景1	情景2	情景3	情景4
柴油车	-6.67	-6.50	-3.34	-3.25
天然气车	-0.82	-0.80	-0.41	-0.40
混合动力车	-1.79	-1.39	-1.19	-0.93
无轨电车	-0.13	-0.13	-0.06	-0.06
纯电动车	-0.60	-0.39	-0.36	-0.24

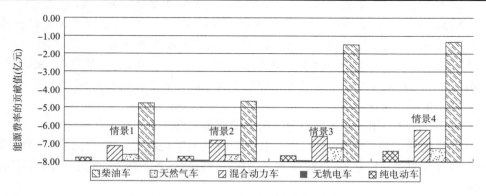

图1-6　不同情景下公交能源费率的贡献值

从不同情景下车辆结构与能源消耗的关系,得出如下基本结论:

对比情景 1 和情景 3 可知,在保有量高速变化的情况下,混合动力车和纯电动车能源消耗费用对能源费率变化最为敏感。通过计算可得,混合动力车在能源费率降低 10% 后,能源消耗费用降低了 18.38%;纯电动车在能源费率降低 20% 后,能源消耗费用降低了 37.5%。

对比情景 2 和情景 4 可知,在保有量低速变化的情况下,混合动力车和纯电动车能源消耗费用对能源费率变化更加敏感。通过计算可得,混合动力车在能源费率降低 10% 后,能源消耗费用降低了 22.96%;纯电动车在能源费率降低 20% 后,能源消耗费用降低了 48.28%。

根据设定的 4 种情景,表 1-11 和图 1-7 分别显示了 2015 年公交系统 4 种情景下公交车结构的贡献值。

各情景下不同类型公交车结构的贡献值(单位:亿元)　　　　表 1-11

类型	情景1	情景2	情景3	情景4
柴油车	-7.37	-4.59	-7.58	-4.71
天然气车	-0.91	-0.57	-0.93	-0.58
混合动力车	5.15	3.25	5.46	3.44
无轨电车	-0.14	-0.03	-0.15	-0.04
纯电动车	1.14	0.59	1.30	0.67

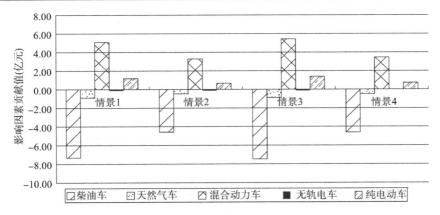

图 1-7　不同情景下常规公交车结构变化影响

对比情景 1 和情景 2 可知,在能源费率高速变化的情况下,柴油车能源消耗费用对公交车结构变化最为敏感,其次是混合动力车和纯电动车。通过计算可得,柴油车占公交车整体的比例下降 3 个百分点,就能节省 2.85 亿元能源消耗费用;混合动力车占公交车整体的比例下降 3 个百分点,就能节省 2.05 亿元能源消耗费用;纯电动车占公交车整体的比例上升1个百分点,就能节省0.45亿元能源消耗费用。

对比情景3和情景4可知,在能源费率低速变化的情况下,柴油车能源消耗费用对公交车结构变化最为敏感,其次是混合动力车和纯电动车。通过计算可得,柴油车占公交车整体的比例下降3个百分点,就能节省3.01亿元能源消耗费用;混合动力车占公交车整体的比例下降3个百分点,就能节省2.35亿元能源消耗费用;纯电动车占公交车整体的比例上升1个百分点,就能节省0.62亿元能源消耗费用。

综上所述,加快技术进步,提高燃油经济性,降低百公里能耗,降低能源费率是公交节能的主要途径。此外,调整公交车结构,大力引进新能源车辆,淘汰落后车辆也能起到节能的效果。

2 北京市纯电动公交车应用

2.1 纯电动公交车及其相关技术

2.1.1 纯电动汽车的基本概念

纯电动汽车(Battery Electric Vehicle,BEV),是指驱动能量完全由电能提供的、由电机驱动的汽车。电机的驱动电能来源于车载可充电储能系统或其他能量储存装置。纯电动汽车是当前主要的新能源汽车类型。纯电动汽车的特点是:无污染,噪声低;能源效率高;结构简单,使用、维修方便;动力电源使用成本高,续驶里程短。

纯电动汽车由3个子系统组成:电力驱动系统、电源系统和辅助系统。

(1)电力驱动系统。汽车行驶时,由电池输出电能(电流),通过控制器驱动电动机运转,电动机输出的转矩经传动系统带动车轮前进或后退。

电动汽车续驶里程与电池容量有关,电池容量受诸多因素限制。要提高一次充电续驶里程,必须尽可能地节省电池的能量。

(2)电源系统。电源系统包括电源、能量管理系统和充电机等。它的作用是向电动机提供驱动电能、监测电源使用情况及控制充电机向电池充电。

纯电动汽车的常用电源有铅酸电池、镍镉电池、镍氢电池、锂离子电池等。

纯电动汽车电池管理系统的主要作用是对电池单体及整组进行实时监控、充放电、巡检、温度监测等。

(3)辅助系统。辅助系统主要包括辅助动力供给单元、空调器、动力转向系统、导航系统、刮水器、收音机、照明和除霜装置等。

辅助动力供给单元主要由辅助电源和功率转换器组成。它的功用是向动力转向系统、空调器及其他辅助设备提供动力。

纯电动公交车是指以车载电源为动力,选配合适的车载蓄电池或电缆供电设备提供电能驱动行驶的公交车。纯电动公交车行驶稳定性高,并且可以实现零排放。

2.1.2 纯电动公交车的基本参数

1. 电池荷电状态

电池荷电状态(State of Charge,SOC)即整车剩余电量,是用来描述电池容量状态的重要参数,对电动汽车的运行及电池的维护和管理具有重要意义。

由于电池所放出的电容量要受放电倍率、电池的温度、电池充放电循环次数等诸多因素的影响,因此,SOC 也与这些因素有关。在放电电流变化的情况下,SOC 的估算就会出现计算方面的困难。在设计充电站规模时,不仅要考虑电池的荷电状态的估算是否正确,还要考虑车辆返站后 SOC 的情况。电池充电起始时刻的 SOC 直接影响电池的充电时间。对于电池更换电动汽车,电池充电起始时刻的 SOC 不仅影响电池的充电时间,而且由于充电起始时刻 SOC 的不同,充电系统能量流的分布发生变化,从而会直接影响充电站的设计规模,包括变压器配电容量、备用电池数量、快换设备数量等。

2. 车辆返站时刻的 SOC

SOC 是车辆在多种因素影响下的一个综合特性。影响因素主要包括车辆自重、车辆载客数、车辆运行里程、车辆运行路况、车辆是否开启降温或加热设备、车辆的运行温度、驾驶员的驾驶习惯、车辆运行时的气候条件、车辆电池系统保温装置等。因此,每辆车在返站时的 SOC 是不完全相同的,它是一个随机变量。国内学者以 2010 年上海世博会时纯电动公交车在世博园运行返站的 SOC 统计数据为对象,对车辆返站时的 SOC 分布特征进行了研究,得出了车辆返站时的 SOC 符合正态分布统计规律。

3. ODO(Odo Graph,ODO)**和 Trip**

ODO 指车辆行驶总里程;Trip 指充一次电,整车一次行驶的里程。

4. 电动公交车充电桩

充电桩分为直流充电桩与交流充电桩。直流充电桩是指固定安装在电动汽车外、与交流电网连接,为电动汽车(动力)电池提供小功率直流电源的供电装置。交流充电桩是指固定安装在电动汽车外、与交流电网连接,为电动汽车车载充电机提供交流电源的供电装置。直流充电桩(固定充电桩)和交流充电桩如图 2-1、图 2-2 所示。

图 2-1　直流充电桩(固定充电桩)　　　　图 2-2　交流充电桩

通常,充电桩一般布置在公交场站、住宅小区、企事业单位、公共停车场等场所,并应尽量靠近临近的配电站。充电桩宜成组布置,组成充电桩集群。

此外,充电桩应安装在距地面至少 200mm 以上的基础上,其基础底座四周应采取封闭措施,防止小动物从底部进入箱体,同时满足防雨、防积水要求。

2.1.3　纯电动公交车的三种备选过渡模式

我国电动公交车推广应用的三种备选过渡模式如下。

1. 油-电混合动力车(Hybrid Electric Vehicle,HEV)

特点:内燃机系统和电机驱动系统各有一套变速机构,二者通过行星轮式齿轮机构调节转速;省油不多;两组动力组合复杂,加工要求高;电池要求高比功率;车价高。

2. 插电式混合动力车(Plugin Hybrid Electric Vehicle,PHEV)

特点:50km 内不用燃油,50km 外全用内燃机,所以不是电动公交车的理想模式;大内燃机、大电动机两个动力系统复杂;价格较高。与汽油车相比,插电式混合动力车不同行程对应的平均节油率见表 2-1。

插电式混合动力车不同行程对应的平均节油率　　　表 2-1

行程(km)	平均节油率(%)	行程(km)	平均节油率(%)
100	50	500	10
250	20	—	—

3. 增程式电动车(Extended Range Electric Vehicle,EREV)

特点:行驶中给电池充电,只靠电动机驱动,属"纯电"驱动而不是"串混"驱动;行驶前电池组充电;行驶期间小功率发电机在最佳工况下发电(即节能发电机与电池并联驱动电动机,也给电池充电);电池用量较纯电动车少;车自重较轻;价格较低。

对于纯电动车来说,核心难点是如何保证电池的使用寿命。如锂离子电池对应用条件有较强的敏感性。对保证电池使用寿命,最重要的是防止电池过放、过充、低温充电或高温充电、车辆内部电池箱温度场不均匀等问题,其中电池过放、车辆内部电池箱温度场不均匀问题可由车辆系统解决,而在充电站内部主要解决电池充电问题。据统计,90%的电池故障发生在充电阶段,在充电过程中关键要解决成组串联电池充电中单体电池过充问题,而且要根据环境温度的变化调整充电电流的大小。

2.1.4 我国纯电动公交车发展简史

我国"十五"期间,科技部"863计划"电动汽车重大专项设立,该项目以纯电动汽车、混合电动汽车、燃料电池电动汽车三种整车研究为核心,开展相关研究工作;强调建立符合整车开发规律的严密的整车开发程序,提出以整车开发为主导,关键零部件和相关材料紧密结合,基础设施协调发展,政策法规、技术标准与评估技术同步开展的基本方针,保证电动汽车重大专项产品化和产业化目标的实现,至今已在诸多领域取得突破性进展。

2005年,我国初步探索电池更换电动公交车。世界上第一个电池快换设施在兰州建立,服务于两辆公交车。

2008年,北京奥运会投入运行50辆纯电动公交车,配套建设一个电池更换站。

2010年,上海世博会投入运行120辆纯电动公交车,配套建设一个电池更换站。上海市公交车采用电池-电容混合型纯电动公交车,已经在825路和20路公交线上应用。

电池-电容型纯混合电动车采用超级电容和锂离子电池相混合的技术,零排放、低噪声,一次完全充电时间不到3h,充电后可行驶100~300km,最高速度可达80~100km/h,每公里耗电小于1.6kW·h。据测算,用这种电动车替代传统的柴油公交车,折合每公里能耗费用仅为柴油公交车的1/3。

2010年广州亚运会期间,20辆电池快换纯电动公交车直接投入商业化运营。

纯电动车研发的典型企业,如宇通双源,提出了双源快充纯电动客车解决方案。相对于传统无轨电车,宇通双源快充纯电动客车具有诸多优点。

(1)乘车环境安全。宇通双源快充纯电动客车通过快充电源系统及网线设施的匹配与优化设计,彻底避免网线通过车体与大地形成回路,不会引起相关人员触电事故。另外,双源快充纯电动客车的高压安全等同于常规纯电动客车的高压安全。现阶段,宇通常规纯电动客车的防护等级已达到IP67,在淋雨、涉水等极端情况下都能安全行驶。

（2）耗电量低。宇通双源快充纯电动客车通过进行集电器捕捉系统自动化设计，实施整车的综合能量管理优化，以及全铝车身等轻量化材料的普遍应用等，大幅度提高了节能效果。

（3）成本优势明显。宇通双源快充纯电动客车装用的电池成本不到常规纯电动客车的1/10。

（4）资源利用率高。宇通公司充分利用已有线网，实现"多线路运行、共享网线充电"，通过电池不同容量的模块化配置及智能在线快充管理，提高网线利用率。智能快速充电大大节约了基础设施用地，有效扩大了纯电动客车运营规模。

2.1.5 纯电动公交车技术经济性指标

下文围绕纯电动汽车的关键技术介绍纯电动公交车技术经济性指标。纯电动汽车的关键技术有三点：电池技术、电机及其控制技术、能量管理技术。

1. 电池技术

电池技术是推动纯电动汽车发展的关键，其主要性能指标包括比能量、能量密度、比功率、循环充电次数及成本。①比能量：用 Wh/kg 表示，它标志着一次充电能行使多少里程，代表单位质量的电池能提供多少能量。②能量密度：用 Wh/L 表示，它代表单位体积内的电池能提供多少能量。③比功率：用 W/kg 表示，它标志着汽车的加速性能和最高车速，代表单位质量的电池能提供多大功率。④循环充电次数：电池的工作过程是一个不断充电—放电—充电—放电的循环过程，随着充电和放电次数的增加，电池充电和放电的效率逐渐降低，最后电池损失全部功能而报废。⑤成本：电池的成本与电池的新技术含量、材料、制作方法和生产规模相关，新开发的高比能量的电池成本较高，使纯电动汽车的造价也较高，因此开发和研制高效、低成本的电池是纯电动汽车发展的关键。表2-2列出了各种电池的数据。

EV 电池性能参数 表2-2

电池类别	比能量(Wh/kg)	能量密度(Wh/L)	比功率(W/kg)	循环充电次数
铅酸	30~45	60~90	200~300	400~600
镍锌	40~60	80~100	150~300	600~1200
镍镉	60~65	120~130	150~300	300
镍氢	60~70	130~170	150~300	600~1200
钠/硫	100	150	200	800

续上表

电池类别	比能量(Wh/kg)	能量密度(Wh/L)	比功率(W/kg)	循环充电次数
钠/氯化镍	110	149	150	1000
锂离子	90~130	140~200	250~450	800~1200
USABC指标	200	300	400	1000

注：数值引自USABC(美国先进蓄电池协作体)的统计数据。

2. 电机及其控制技术

纯电动汽车本身的结构参数、电机的特性参数、电池的性能参数、控制器参数及纯电动汽车行驶时的外部条件都是影响纯电动汽车动力性能和续驶里程的主要因素。动力传动系统的匹配关系对纯电动汽车的动力性能和续驶里程都有一定的影响。

3. 能量管理技术

能量管理技术主要包括电动车续驶里程与电池容量之间的关系。电池容量受多种因素限制。要提高一次充电续驶里程，必须尽可能地节省电池的能量。行驶工况对纯电动汽车的续驶里程影响很大。对于恒速行驶，电流随车速的升高而增加，每公里消耗的电能随车速的升高而增加，而电池的放电容量则随车速的升高而减小，故其续驶里程随车速的升高而减少。根据仿真实验可知，6~8m 快充纯电动汽车在车速为 32km/h 时的续驶里程接近最大值，因此，该纯电动汽车的经济车速在 32km/h 左右。对于多工况道路实验，纯电动汽车由于频繁起步、加速和减速，电池经常处于大功率和大电流放电状态，电池的有效容量大幅下降，致使纯电动汽车的续驶里程明显少于恒速行驶。行驶工况越复杂，加速度越大，纯电动汽车的续驶里程越少。因此，纯电动汽车合理的驾驶方式是用小的加速度加速，尽量保持中低速匀速行驶。

此外，能量管理技术还包括电池性能及管理。电池是纯电动汽车的动力源泉，也是一直制约纯电动汽车发展的关键因素。纯电动汽车的电池一般应具有比能量高、比功率大、使用寿命长的特点，但目前仍然存在电池能量密度低、电池组过重、续驶里程短、价格高、循环寿命有限的问题。

2.2 纯电动公交车运营的可行性

2.2.1 纯电动公交车线路布局的影响因素

纯电动公交车线路布局的影响因素主要是线路长度、线路站点数量、平均停站间距、线路空间分布特点、道路工况影响下的平均速度、线路运力、高峰断面客流量、高峰发车间隔等。此外还要考虑以下几个影响因素。

(1)纯电动公交车的自重、运行速度、续驶里程和电池电量状态等。要发挥纯电动公交车平稳运行、站间距大、速度快的优势,宜选择高峰断面客流量与客座满载率适中的线路,可在首末站设置充电站。

(2)道路条件:城市道路是纯电动公交线路优化的物质基础和前提,但并非所有的道路都适合纯电动公交车行驶,因此要考虑路面条件、道路几何线形和容量限制等因素。通常将所有适合纯电动公交车行驶的道路定义为基础线路,然后在基础线路上扩展布置其他线路。

(3)场站条件:在纯电动公交车线路布局中,纯电动公交车的起点站、终点站应尽量与充电站距离较近,有条件的情况下可以在首末站设置充电站。因此,应根据最优站距、首末站位置和用地条件、配置车辆和站点长度等确定充电站。一般情况下纯电动公交车线路首末站应有一定的停车空间。

(4)基础设施:各个城市的地理形态千变万化,不同的交通运输方式对基础设施的分布和走向的满足程度是不同的。纯电动公交车选择线路时应考虑纯电动公交路线有一定的适应条件。

(5)车辆条件:影响线路优化的因素包括纯电动公交车的物理特性、操作性能、载客指标和车辆数。在进行纯电动公交线路优化时,线路总数可根据纯电动公交车辆总数、车辆的载客能力和线路的配车数协调决定。根据各个条件,形成纯电动公交线路的"基础道路"。

(6)效率因素:效率因素包括每车次载客人数、每月行驶次数、每车公里收入、每车公里载客人数、每车次收入和营运成本效益比等,是指纯电动公交线路的单位投入(如每公里、每班次等)获得的服务效益。路线效益是一种效益因素,反映线路的运营状况及所经过地区的客运需求量和服务吸引能力。

(7)政策因素:政策因素包括纯电动公交的管制和优先措施、社会公平保障政策和土地发展政策等。

2.2.2 纯电动公交车运营技术条件

线路长度的制定是否合理影响车辆续驶里程,即电池容量的利用率。车辆的续驶里程是反映车辆性能和实用性的重要指标。例如,对于电池更换纯电动公交车,如果公交线路长度略大于车辆续驶里程的一半,则车辆一次出行完毕就要进行电池的更换,而此时电池的剩余SOC值仍达到40%以上,造成了电池容量的浪费。因此,线路长度的设置不应过长。

制约线路长度的最大因素是车辆续驶里程及电池充电所需时间。车辆续驶里程主要由车上所装载电池的数量和容量决定,而电池充电所需时间则由其充电模式及充电倍率决定。

以电池更换方式为例,必须通过和电池箱合为一体的电池管理系统对充电进行控制,由电池管理系统为充电器提供最大允许充电电流和电池单体信息。为防止单体电池过充,采用电池组中最高单体电池作为电池充电恒压转换点,当电池组中有一个电池的电压达到上限阈值,充电电流就开始减小,以保证单体电池电压不超过上限阈值。电池管理系统根据环境温度对最大充电电流进行限制。采用这种方式并配合定期的电池维护、保证电池组性能的一致性,可最大限度地延长电池的使用寿命。

2.2.3 纯电动公交车的充电模式

充电站主要有三种充电模式,分别为慢充(利用夜间谷电充电,需 4~8h)、快充(公共停车场、商场、写字楼等,需 1~4h)、速充模式(道路停车场、加油站等,需 10~30min)。本书将充电时间大于或等于 1h 的模式统称为慢充,充电时间小于 1h 的模式定义为快充。对于纯电动公交车而言,其充电模式可以细分为以下五种。

1. 日间分散充电模式

日间分散充电模式是指每辆纯电动公交车按发车序列运行一段时间后,进入充电站对电池进行充电,并将已消耗的电池能量全部补充完毕。充电结束后,纯电动公交车再次进入发车序列,开始下一轮运行。这种充电模式比较适合单次运行距离和单次运行时间都较短的情况。由于单次运行距离较短,电池消耗能量较少,则补充充电所需时间也较短。每辆纯电动公交车都可以在日间运行时段完成多次发车任务,而且其电池可以工作于放电深度较小的工况下,这有利于延长其寿命。

2. 夜间集中充电模式

根据城市公共交通运营的规律可知,公交车辆一般只在日间的一定时间段内运行,夜间停止运行。夜间集中充电模式是指每辆纯电动公交车在日间运行一段时间后,停止运行并进入充电站,在夜间的一定时间段内进行充电,并将日间消耗的电池能量全部补充完毕。这种充电模式比较适合单次运行距离和单次运行时间都较长的情况。该模式可以充分利用电力供应的夜间低谷时段,与日间分散充电模式相比能够大大降低纯电动公交车辆的运营费用。但电池工作于放电深度较大的工况下，电池寿命会出现一定程度的减少。同时，由于白天电量不足，容易影响运营，这就需要多配备车辆，才能保证公交正常调度运行。

3. 日夜充电模式

日夜充电模式是日间分散充电模式和夜间集中充电模式的结合与互补，是指每辆纯电动公交车在日间运行一段时间后，进入充电站进行充电，但并不补充全部已消耗电池能量，只补充再运行路程所需要的电池能量。充电结束后，车辆再运行一段时间后停止运行并进入充电站，等待在夜间进行集中充电。这种模式介于前两种充电模式之间，但也需要多配备一些车辆。

4. 电池更换夜间充电模式

电池更换夜间充电模式是指纯电动公交车辆运行一段时间后，进入充电站将已消耗的电池卸下，更换一组已充满电的电池，随即开始下一轮运行。而所有更换下来的已消耗的电池在夜间进行集中充电。这种充电模式比较适合每天发车次数较多的情况，可以充分利用纯电动公交车辆，减少车辆在充电站中的停车时间，并且可以充分利用电力供应的夜间低谷时段。

5. 电池更换全天充电模式

电池更换全天充电模式与电池更换夜间充电模式类似，也需要进行电池的更换，但区别在于，在这种充电模式中，所有更换下来的已消耗的电池利用全天的时间充电，而不是全部在夜间进行集中充电。这种充电模式使电池的利用效率进一步提高，可以减少完成同样运营任务所需的电池总量。而且，由于采用了分散充电的方式，提高了充电机的利用效率，减少了同时工作的充电机数量，使整个充电系统所需的配电容量有所降低。

此模式已在上海世博会纯电动公交车充电站中应用。在世博会充电站的规划设计过程中提出过几套不同方案，其中包括电池快换方式及整车充电方式。从技术层面、管理层面、商务层面综合考虑，上海世博会是我国纯电动汽车发展中一个非常重要的契机，是证明整套纯电动汽车的技术方案和运营管理方案的最佳平台。

目前，快充模式主要采用日间分散充电模式。快充型电池充电时间为 10min 左右，当公交线路长度适当时，确保运行 2~3 圈再充电（本书将公交车在线路上运行了 1 个来回称为 1 圈），不影响公交车辆正常调度运行。若设计公交车每运行工圈充电一次，则会造成公交高峰期发车间隔的延长。慢充模式主要采用夜间集中充电模式和日夜充电模式。一般慢充型电池充电时间为 4~8h，对公交车日间运营的用电结构和季节有一定影响，应设专人对车辆夜间充电进行监控。

2.3 国内外纯电动公交车发展现状

2.3.1 国外纯电动公交车发展现状

在以下国家，纯电动公交车已进入实用化阶段。

1. 美国

EcoRideBE-35 纯电动公交车由美国客车制造商 Proterra 公司于 2010 年研制，是世界上第一款快速充电的纯电动公交车。这款全新设计的车辆可以完全代替公交公司的常规柴油公交车。EcoRideBE-35 纯电动公交车身由轻量复合材料组成，平均等效柴油经济性高达每百公里 9.8L，比普通柴油客车高 6 倍，运用 Proterra 公司的快速充电技术，仅需 10min 即可完成充电，每次充电后可行驶 40～64km。该纯电动车配备了 Altairnano 公司生产的锂离子钛酸盐电池，500 辆这样的纯电动车运行 12 年可降低 CO_2 排放量 84 万 t，减少石油消耗 31040 万 L。

2. 法国

从全球范围来看，巴黎是最早将清洁能源汽车引入公交系统的城市，巴黎市区已有纯电动公交车投公共交通运营，纯电动公交车逐渐走进巴黎人们的生活之中。巴黎市区纯电动公交车采用的是电池更换的模式。

巴黎有两条纯电动公交专线，蒙马特尔小巴线（Montmartro Bus）在蒙马特尔观光区行驶，全长 6.2km，配备 8 辆纯电动公交车（6 辆运行，2 辆备用）。每辆车平均每天行驶 60～70km，每年运送乘客 100 余万人次。巴黎市政府和巴黎公交公司在巴黎市开辟了一条新的横贯巴蒂纽尔（Batignolle）和比夏（Bichat）的全电动公共汽车线路，这条线路长 8km，在巴黎市 18 区西边和 17 区东边之间设立 28 个停靠站，并与地铁 13 号线和卡迪奈桥（Pont-Cardinet）火车站衔接，可服务将近 11 万居民。巴黎市中心区开辟的新的电动公交车专线，对保护老城区的环境和降低噪声起到了积极的作用，受到了市民的称赞。

3. 韩国

2010 年 12 月 21 日，首尔市政府用电动公交车替换了南山环路上的 5 辆非电动公交车，这是电动公交车首次在韩国投入商业运营。这个由现代重工和 Hankuk Fiber 公司合力打造的电动公交车，长 11.05m，单次充电可行驶 83km。它使用快速充电器，可以在 30min 内充满电。电动公交车的最高速度为 100km/h，采用低地板,搭载322马力(1马力约等于735W)的发动机。它采用高性能锂离子电池,节能系统可以采集和循环使用下坡时制动产生的能源,这是该款电动公交车的一大亮点。首尔市政府认为,电动公交车服务使首尔市在迈向"绿色汽车,智慧城市"的目标中又前进了一步。

4. 德国

2012年6月,柏林Euracom公司经理扎伊茨从中国进口了德国的第一辆纯电动公交车。这辆名为EURABUS的纯电动公交车是中国珠海银通公司生产的,2012年10月正式投入汉堡市的公交线路运营。

2015年4月,德国明斯特市的快充纯电动公交线路成为德国历史上首条快充纯电动公交线路,它采用的是中国生产的电池。其实,除德国外,在英国、比利时等国家也有装载中国微宏电池的电动公交车陆续投入运营。

5. 英国

2013年5月,英国伦敦交通局(TfL)宣布获得了来自英国交通部(DfT)的绿色巴士基金(Green Bus Fund)共500万英镑,其主要用于购买90辆混合动力公交车。这进一步巩固了伦敦公交车队这一全欧洲最大的绿色车队的地位。

伦敦红色双层巴士(图2-3)采用中国微宏动力系统(湖州)有限公司开发的快充电池技术,充电10min左右就能运行100多km,其锂电池因充电快、寿命长、安全性高等性能备受关注,并且具有快充不燃烧性能。

图2-3 伦敦红色双层巴士

2.3.2 国内纯电动公交车发展现状

我国有多个城市大力推广纯电动公交车运营,并取得了较好效果,有如下几个典型城市。

1. 深圳

2009年1月,我国"'十城千辆'节能与新能源汽车示范推广应用工程"(以下简称为"十城千辆"工程)正式启动,25个城市被列入计划试点城市名单。作为"十城千辆"工程的首批试点城市之一,深圳在纯电动公交示范推广方面力度很大,自2011年1月6日比亚迪纯电动大巴K9在深圳福田区202路公交线路正式投入载客试运营以来,截至2013年底,深圳市226路、M367路、M375路、M206路、M337路、M338路等多条公交线路采用电动公交车运行。

深圳推广的纯电动公交车采用了"融资租赁、车电分离"模式。纯电动公交车采用充电桩在夜间进行充电,直流充电时间为5~6h。车辆单次充电续驶里程超过180km,整车满载后质量达18t。

2. 青岛

2011年,青岛市逐步推广应用纯电动公交车,并最终确定了"换电为主、插充为辅、集中充电、统一配送"的纯电动公交车发展原则。

青岛市政府经过与国家电网有限公司协商决定纯电动公交车运营采用电池租赁模式,即车用电池组由国家电网有限公司投资购买,公交企业租赁使用(青岛供电公司承诺车辆单位运行电价不高于同期柴油价格)。青岛市推广应用纯电动公交车的成功,与其相配套的基础设施建设、运营模式等息息相关。众所周知,电池是当前电动汽车发展的瓶颈,目前使用的电池不仅价格高,而且在使用过程中会出现电池容量衰减严重的问题。如果电池寿命按3年计算,在车辆8年的运行周期内,需要再购买2次电池,投资成本较大。而电池租赁模式,可确保投入运营的每块电池都时刻处于出厂时的最佳状态,从而确保了车辆在使用周期内的电池续驶里程不会日渐减少。

青岛还建成并投入使用了集电动公交车智能充换、储放、始发车调度三位一体的公交枢纽站。该枢纽站占地面积5800余m^2,三车道、六工位,可满足每天280辆纯电动公交车充换电及运营。公交车可直接开进换电车道,每车次换电时间为6~8min。

3. 广州

基于亚运会配套示范工程及"十城千辆"工程,2010年11月9日,26辆纯电动公交车在广州大学城广东科学中心至中山纪念堂之间投入载客营运服务,该线路也成为广州市首条纯电动公交线路,编号"801路",如图2-4所示。

这26辆纯电动公交车中,有6辆车采用整车方式进行充电,其余20辆采用电池快换方式进行充电,配套一个带快换设备及直充设备的专用充电站。

图 2-4　广州 801 路纯电动公交车

4. 天津

2012 年 8 月，天津市首批 40 辆纯电动公交车正式投入运营，它们将服务于 638 路和 862 路两条骨干公交线路。这 40 辆纯电动公交车采用换电模式，在由国家电网天津市电力公司自主施工建设的海泰电动汽车综合充换电站进行换电，每辆车在换电站完成换电只要 10min 左右。

5. 重庆

2011 年，重庆在空港公交枢纽设立了快速充电站，可同时为 6 辆纯电动公交车进行整车快速充电，6~8min 即可将电池组充满。重庆恒通客车有限公司的第一代快充电池——LpTO 钛酸锂电池，实现了上述纯电动公交车的顺畅运营，4 年多时间行驶 500 万 km，无安全事故，4 年时间电池衰减不到 5%。

重庆市纯电动公交车充电采用一车一卡方式，操作灵活、简单。具体过程是：驾驶员下车后，戴上橡胶手套，把一张 IC 卡插进充电桩，按动充电桩上、充电完成触摸屏的按钮，经过一系列操作，将充电枪插入车后的充电接口中；大约 8min 后电池充满电，驾驶员再戴上手套，按触摸屏按钮，拔出充电卡，把充电枪放回原位，卸下手套，充电完成。每辆电动公交车都有一张充电卡，可以记录每次充电的电量，可实现纯电动公交车运营相关指标的统计和驾驶员配班的绩效考核分析。

3 地面常规公交线路纯电动公交车运用分析

3.1 纯电动公交车电池

3.1.1 电池获取模式

电动公交车的电池获取模式主要有购买和租赁两种。

电池购买模式即公交公司向电池厂商购买动力电池,公交公司以电力用户身份将电动公交车接入国家电网充换电。供电企业与公交公司的供电关系和其与一般居民的供电关系相同。电池租赁模式是指供电企业不直接向公交公司提供电力产品,而是将集中充电后的电池出租给公交公司,同时换回空电池,以不断更换的电池为载体进行间接电能销售。

由于动力电池费用较高,若采用一次性购买方式支出较高,对于运营方来说资金压力较大。此外,动力电池性能会随着充放电次数和使用时间的增加而逐渐衰减。当电池性能下降到一定程度时,将无法继续为电动公交车提供动力。此外,公交公司还需要考虑废旧电池的处理问题。这一方面增加了充换电站的运营成本,另一方面废旧电池处理不当也会造成环境污染。

为了提高电动汽车的整体性能,寻找一种合适的动力电池是非常关键的。对动力电池的要求有电荷容量大、工作环境适应性强、工作状态稳定、安全性强和性价比合适。

3.1.2 电池类别

目前,可用于电动汽车的电池主要有铅酸电池、镍镉电池、镍氢电池、锌-空气电池和锂离子电池。几种电池的优缺点见表3-1。

几种电池的比较　　　　　　　　表 3-1

电池类别	优　点	缺　点
铅酸电池	价格低	比能量低,一次充电行驶里程短
镍镉电池	比功率高,循环及浮充寿命长,使用温度范围广,快速充电能力强	初期投资大,标称电压低,记忆效应大,存在镉污染
镍氢电池	没有镉污染,比能量高	成本较高
锌-空气电池	比能量高,性能稳定,安全性好,制造成本低	寿命短,比功率小,不能输出大电流及难以充电
锂离子电池	工作电压高,体积小,质量轻、比能量高,无记忆效应、无污染,自放电小,循环寿命长	初期投资大,低温放电率不高

1. 铅酸电池

铅酸电池经历了一个多世纪的发展,具有许多显著的优点:技术可靠,生产工艺成熟,成本低,单体电池电压高,适合纯电动汽车使用的良好的大电流输出性能,良好的高温和低温性能,较高的能量效率(75%~80%)以及多种多样的型号和尺寸。尽管如此,铅酸电池也有一些缺点,还需要进一步完善。比如,铅酸电池的比能量和能量密度都比较短(通常为35~70Wh/L),自放电率较高,循环寿命相对较短。近年来,性能得到改进的多种类型的铅酸电池正不断地被应用到纯电动汽车上。其中阀控铅酸电池的比能量已超过40Wh/kg、能量密度超过80Wh/L,并且可实现快速充电。

2. 镍镉电池

目前,镍镉电池的应用仅次于铅酸电池,其比能量可达到55Wh/kg,比功率超过225W/kg;极板强度高,工作电压平稳,能够带电充电,并可以快速充电;过充电和过放电性能好,有高倍率的放电特性,瞬时脉冲放电率很大,深度放电性能也好;循环使用寿命较长,是铅酸电池的2倍多,可充电2000多次,但价格为铅酸电池的4~5倍。镍镉电池采用全封闭外壳,可以在真空环境中正常工作,低温性能较好,能够长时间存放。镍镉电池使用中要注意做好回收工作,以免重金属镉造成环境污染。

3. 镍氢电池

由于成本高,运用较少。

4. 锌-空气电池

锌-空气电池是一种高能电池，正极为 Z，负极为 C（吸收空气中的氧气），电解液为 KOH。锌-空气电池比能量高，能达到 200Wh/kg，并且具有不需要维护，能在恶劣环境下工作，清洁、安全、可靠等优点。但是锌-空气电池的比功率较小，仅为 90W/kg，且其寿命较短，不能储存再生制动的能量，且有不易充电及不能输出大电流等缺点。为了弥补它的不足，使用锌-空气电池时，电动汽车一般还会装其他电池，帮助其启动和加速。

5. 锂离子电池

锂离子电池的内部结构主要分为正极、负极、电解质和隔膜。正极、负极与电解质材料的不同及其工艺技术上的差别，使电池产生了不同的性能和不同的类型。目前市场上锂离子电池的正极材料主要是钴酸锂（$LiCoO_2$），也有少数使用镍酸锂（$LiNiO_2$）、锰酸锂（$LiMn_2O_4$）作为正极材料。

锂离子电池的比能量和比功率都很高，可分别达到 150Wh/kg 和 1600W/kg，循环寿命长，充电可达约 1200 次，而且充电时间较短，为 2~4h，使用电压可达到 4V，使用安全性也相对较好。但是，锂离子电池价格较高，快充放电性能差，存在过充、放电保护问题，影响了锂电池的进一步应用和发展。

新型的磷酸铁锂动力电池是以磷酸铁锂（$LiFePO_4$）材料作为电池正极的锂离子电池，它的性能非常适于动力方面的应用，所以称为"动力电池"。

磷酸铁锂电池与其他电池比较具有明显的优势：循环寿命长，使用安全，比能量高，无记忆效应，自放电少，无污染。现阶段选择磷酸铁锂动力电池是比较恰当的选择。

磷酸铁锂电池的标称电压为 3.2V，终止充电电压为 3.6V，终止放电电压为 2.0V。由于各个厂家生产磷酸铁锂电池所采用的正、负极材料，电解质材料及技术工艺不同，导致其在性能上有所差异。

3.1.3 续驶里程与电池衰减性

续驶里程是纯电动汽车电池组充满电后可持续行驶的里程。它可以分为等速续驶里程和循环工况续驶里程。

1. 影响续驶里程的因素

续驶里程主要受车载总电量影响，此项指标也是综合评价电动汽车电池组、电机及传动效率、电动汽车实用性的重要指标。但是，此指标与电动汽车电池组装车容量及电压水平有关,不同车型和装配不同容量电池组的同种车型之间不具有可比性。即使装配相同容量同种电池的同一车型,续驶里程也受到电池组状态、天气、环境因素等使用条件影响而有一定的波动。续驶里程的影响因素主要有整车参数(如行驶速度、电动汽车质量等)、电池均匀性、环境温度等。

2. 续驶里程的测量方法

续驶里程有等速法和工况法两种测量方法。但是,由于工况法只比等速法多考虑加速和减速状态,所以,等速法和工况法在某一状态时的计算方法是相同的。此外,也可以采用示范运营数据对续驶里程进行实测分析。

3. 电池衰减性相关概念

(1)电池额定容量用安时(Ah)来表示,它反映了电池存储电量的大小,数值越大,存储的电量就越多。

(2)电池的实际容量反映电池实际存储电量的大小,用安时(Ah)表示。同样,该指标越大,电动车的续驶里程就越远。在使用过程中,电池的实际容量会逐步衰减。相关国家标准规定新出厂的电池实际容量大于额定容量值为合格电池。

(3)放电循环寿命指的是电池进行充电、放电直到电池容量减少至额定容量的70%时的循环次数,充足电后再放电到一定的深度为一次循环。电池循环次数越多,则寿命越长。

(4)为纯电动公交车提供电能的模式主要有交流充电、直流充电和电池更换三种。

交流充电:由交流充电桩提供220V或380V交流电能,车载充电机完成交、直流变换,充电功率一般不大于5kW,充电时间通常为5~8h。

直流充电:由非车载充电机完成交、直流变换,充电功率较大,从几十千瓦到上百千瓦,主要用于电动公交车的整车充电。充电时间有短时间10min左右的,也有较长时间3h左右的。

电池更换:用事先充满电的电池组更换车辆上的电池组,国内设备基本可在5~10min完成电池更换,实现电动车电能的快速补给。

4. 纯电动公交车运用中续驶里程不足问题

在各城市示范运行纯电动公交车的过程中,出现了一些电池性能需要改进的问题。例如,广州市公交主干线示范运行的26辆纯电动公交车多数处于停运状态,这是因为纯电动公交车开空调之后,电量消耗的速度加快,车辆续驶里程明显不足,经常因为电量耗尽而抛锚。因此,在公交运力足够的情况下,公交公司尽量不使用纯电动公交车。

深圳巴士集团股份有限公司对纯电动公交车运营的体会是"由于公交车行驶时间长，行驶状况复杂，载质量大，天热时还需要开空调，对纯电动公交车来说是很大的考验。如果车辆的电池性能一般，电池管理系统落后，就很容易发生电池衰减问题"。综合北京、上海、合肥等试点城市纯电动公交车的运行数据，截至2016年底，除了快充纯电动公交车的钛酸铁锂、多元复合锂电池衰减并不明显外（初步测算衰减为2%/年～5%/年），一般纯电动公交车电池系统的衰减程度大约维持在15%/年。也就是说，纯电动公交车都存在一定程度的电池衰减问题，这种情况很可能影响到公交车的正常运营，甚至影响车辆的使用寿命。假设一辆纯电动公交车的续驶里程为200km，车辆行驶一年之后，续驶里程将缩减至170km以下，第三年只能维持在140km左右。如果车辆在开空调的状况下行驶，续驶里程缩减得更快。所以一般情况下，对纯电动公交车动力电池、电机和电控这三大核心部件要提供至少5年的质保和维护服务。

2013年以来，一些客车企业开始选择钛酸锂电池和超级电容等，这两种电池都具有循环寿命长的优势。其中，钛酸锂电池还可以支持整车快速充电。

3.1.4 快充电动车电池实测分析

1. 钛酸锂电池

钛酸锂（LpTO）电池与磷酸铁锂电池、锰酸锂电池相比最大的优势在于其超长的循环寿命、优异的倍率充放电特性、更宽的工作温度范围及更佳的安全性能。重庆的某线路纯电动公交车充分利用了钛酸锂电池的这些特性，车辆上装配满足单趟里程所需的电池组，利用在起始站等待的休息时间进行整车快速充电（以下简称为快充），10min内将电池充满，即可投入下一轮的运营中。

图3-1统计了电池组单次充电所需要的时间。车辆充电时间为5～13min，大部分充电时间在10min以内。单次充电所充入的电量为20～50kW·h，经统计平均充入电量为31.9kW·h。从2011年4月到2013年2月，该线路纯电动公交车总计充电2946次，保证了每天的日常运营。

从图3-2中可以看到，电池组的充、放电循环次数达到近3000次，其容量保持在初始容量的约97%，基本上可以满足电池组与车辆同寿命周期的预期。

从统计数据可知，快充纯电动公交车经过2年的实际运营，电池组经受住了重庆的酷暑与严冬的考验。10min左右的快充充电时间可以保证公交车的正常运营。然而一般来说，大倍率的充电对电池的寿命有较大的影响，尤其是要在10min

内将电池充满,需要 4~5C 的充电倍率,这对电池的寿命是一个考验。从实际的运营数据统计来看,即便在较大倍率放电的情况下,钛酸锂 LpTO 电池组容量的衰减为 3% 左右,而权威的第三方检测机构针对电池组内单个电池模块的检测数据也表明,电池模块的容量衰减也保持在类似的水平。这也表明钛酸锂电池的超长使用寿命经受住了实际运营的考验,充分体现了其快充与长使用寿命的特点。

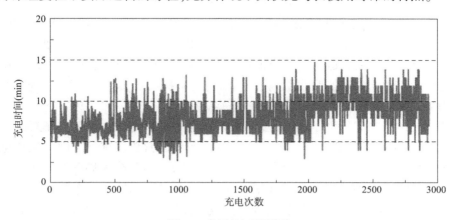

图 3-1 车辆充电时间统计

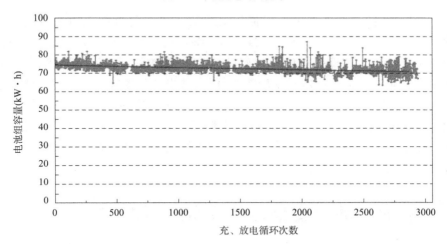

图 3-2 电池组容量衰减情况

在 6C 倍率充电、6C 倍率放电、100% 放电深度(DOD)的条件下,钛酸锂单体电池的循环寿命超过 25000 次,剩余容量超过初始容量的 80%,同时电芯产生的胀气现象不明显,不影响其使用寿命。重庆快充纯电动公交车的实际应用情况也表明,在电池成组以后,电性能的表现也相当优异,可以保证纯电动公交车的日常商业化运营。

重庆的快充纯电动公交车经过2年的运行,受到了当地乘客的普遍欢迎,而电池本身也经受住了重庆严苛运营条件的考验,表现出优异的循环寿命与快速充电特性。

2. 快充二代锂电池——LpCOTM多元复合锂电池

LpCOTM多元复合锂电池单体电芯的6C充放电常温循环寿命仍超过10000次,是磷酸铁锂电池的2倍,成组后可满足4C倍率充电,这意味着电池组能够在15min内充满电。白天运营中可依据需要快充补电,夜间回场后可以利用电网波谷电慢充,实现峰谷电合理利用。快充与慢充的有机结合,成倍地提高了充电站的使用效率,显著降低了基础设施数量和运营投资。

自2011年首批采用LpCOTM多元复合锂电池的快充纯电动公交车投入运营至今,其已经在国内外得到了大规模的运营。实际运营数据统计反映出的充电方便、充分满足正常运营、零排放、低噪声、低能耗、绿色环保等优势已经过多年的验证。与采用其他类型电池的电动车辆相比,采用此电池的纯电动车最适合公交企业的电动化技术路线,这也得到了运营企业和地方政府的充分认可。三亚市、北京市等城市的快充车均采用这类电池。

三亚市10路公交环线采用了使用LpCOTM多元复合锂电池的厦门金龙混合动力公交车,面对三亚的持续高温天气,车辆高出勤率、低噪声、运行平稳的特性受到了当地乘客和驾驶员的一致好评,而LpCOTM多元复合锂电池在高温下性能表现稳定。7、8、9月是三亚最热的月份,日平均气温在35℃左右,地面温度可达到45℃以上,但从车辆运营的情况来看,车载电池的温度表现良好,完全不影响车辆正常运营。此外,相比传统的天然气公交车,采用LpCOTM多元复合锂电池的插电式混合动力公交车在能量回收效率、运营成本、尾气排放等方面都具有显著的优势。

3.2 纯电动公交车运营技术经济性

3.2.1 纯电动公交车技术经济性参数

纯电动公交车的技术经济性参数分析主要是比较车辆购置成本和使用成本情况。

下面对重庆恒通和东风扬子江两家公司的纯电动公交车与传统燃油(气)动力公交车的购置成本进行比较,统一按照8年计算折旧费用,见表3-2。

纯电动公交车与传统燃油公交车成本比较（单位：万元）　　表 3-2

对比车型	采购成本	政策补贴	净单车折旧/年	成本评价
重庆恒通 CKZ6127HBEV	133	50	10.38	高
东风扬子江 WG6120EVM	160	50	13.75	高
重庆恒通 CKZ6127HNA3	33	无	4.13	低
一般柴油公交车	35	无	4.38	低

注：6～8m 纯电动车的购置成本为 60 万～80 万元。

通过比较表 3-2 的车辆采购成本可以发现，纯电动公交车年折旧成本远高于一般柴油公交车。这是目前制约纯电动公交车推广的主要因素之一。

车辆使用成本包括燃料（电费）成本和动力系统维护保养成本（估算值）。其中，柴油单价按 7.5 元/L，天然气单价按 3.3 元/m^3，电价按峰值 0.9 元/kW·h、谷值 0.7 元/(kW·h)计算。假定公交车日行驶里程 200km，年运行 360d，动力电池按 5 年使用期计算（慢充类动力电池为 5 年，快充类和多元复合锂电池为 8 年）。

纯电动公交车与一般燃油公交车主要指标比较见表 3-3。

纯电动公交车与一般燃油公交车主要指标比较　　表 3-3

比较项目	重庆恒通 CKZ6127HBEV	东风扬子江 WG6120EVM	重庆恒通 CKZ6127HNA3	一般柴油公交车
最大输出功率（kW）	200	120	150	150
动力来源	LTO 锂电池 564/90-150	2×9SFL350AH 锂电池组	天然气发动机	柴油发动机
百公里消耗	138kW·h	120kW·h	45m^3 天然气	26L 柴油
百公里折算（元）	124.2（峰值电价）	84（谷值电价）	148.5	195
动力系统百公里维护费用（元）	约 153（5 年使用期折算）	约 183（5 年使用期折算）	约 30	约 30
百公里成本（元）	277.2	267	178.5	225
年使用成本（万元）	19.96	19.22	12.85	16.2
使用期内累计使用成本（万元）	159.68	153.76	102.8	129.6
成本评价	高	高	低	中

注：重庆恒通电池为快充型，东风扬子江电池为慢充型。

比较结果显示，纯电动公交车使用成本远高于一般燃油公交车使用成本，主要原因是动力电池的价格高、耐久性差。这是制约纯电动公交车推广的又一个主要因素。

3.2.2　城市纯电动公交车运营基本参数

随着城市人口的不断增多,交通压力逐渐增大,尤其是公共交通,如公交车不断地缩小发车间隔以保证运力,这影响了纯电动公交车充电站的运营流程。对地面公交系统来说,发车间隔是由客流量与车辆容量直接决定的。公交车辆行驶中的相关指标如下。

(1)单程时间:指车辆在一个单程的运营时间,即起始站发车开始到终点站停靠为止所耗费的时间,包括一个单程行驶时间和中间站停站时间。

(2)单程行驶时间:指车辆在一个单程中各路段行驶时间之和。其中,路段全站段行驶时间是指车辆从路段一端的停靠站起步开始,经过加速行驶、稳定行驶、减速停车到达路段另一端的停靠站完全停车所耗费的全部时间。

影响单程行驶时间的因素主要有车辆的技术速度、车辆的加减速性能、驾驶员的驾驶技术、车辆载客量、路面状况、交通状况及沿路交叉口的交通控制等。

(3)中间站停站时间:指车辆在中间站完全停车后经过开门、乘客上下车以及乘客上下车完毕后至起步前的全部停歇时间。

影响中间站停站时间的主要因素有中间站停靠的交通状况(如到站车辆的数量)、驾驶员在停车后开关车门的准备、乘客上下车的速度及上下车乘客的数量等。

(4)首末站停站时间:指车辆在线路的起始站和终点站的停站时间,包括调动车辆、签发行车路单、清洁车辆、行车人员休息、交接班、乘客上下车及停站调整车辆间隔等所必需的停歇时间。在客流的高峰期和平峰期,对首末站停站时间有不同的要求,一般可做以下考虑。

①高峰期首末站停站时间:为了加速车辆的周转,首末站停站时间的确定应该尽量考虑首末站高峰期发车间隔。

②平峰期首末站停站时间:在客流平峰期间,首末站停站时间需要考虑清洁车辆、乘务人员休息、调整车辆间隔、交接班及车辆例行保养等。

(5)周转时间及周转系数:车辆从起始站出发,运行到达终点站后再运行回到起始站,称为一个周转。周转时间是上下行单程时间、首末站停站时间之和。周转系数是单位时间内车辆完成的周转次数,它与周转时间成倒数关系。

(6)计划车容量:计划车容量是行车作业计划限定的车辆载客容量,不同车型的客车都有规定的车厢定员人数。计划车容量根据计划时间内线路客流的实际需要、行车经济性要求和运输服务质量标准来确定。

（7）线路车辆数：线路车辆数是指运营所需要的车辆总数与营业时间内各时间段所需要的车辆数量。

（8）行车频率：行车频率是指线路在单位时间内通过的车辆次数。行车频率与乘客量成正比，与计划车容量成反比。从运营调度的角度分析，行车频率同时具有时间性、方向性和断面性。

①时间上的行车频率：时间上的行车频率是指在单位时间内起止站共发出的车辆次数，但不表明哪个方向、哪个断面，仅从时间上来说明发车次数。

②方向上的行车频率：方向上的行车频率是指单位时间内起止站某方向发出的车辆次数。

③断面上的行车频率：断面上的行车频率是指线路在单位时间内某一方向、某一断面所通过的车辆次数。

纯电动公交车的运营模式既要满足公交车线路基本运营要求，也要考虑纯电动公交车的充电时间和充电站充电能力设计。

下面以深圳市和上海市纯电动公交车的车型与运营线路信息为例介绍纯电动公交车运行参数（表3-4、表3-5），从表中可以看出纯电动公交车的续驶里程、断面客流、运行时间与线路配车数量密切相关。

深圳市纯电动公交车线路运行参数　　表3-4

基本参数	车辆线路			
	226	M367	M206	M337
运行时间	5:30—22:30	8:00—23:30		
高峰时段	7:30—9:00、17:30—19:30	9:30—11:00、14:00—15:00、20:30—21:30		
断面流量（辆/h）				
车容量（人/车）	70	70	70	70
充电倍率（C）	0.3C	0.3C	0.3C	—
充电机功率（kW）	9	9	9	—
续驶里程（km）	80	80	80	—
电池更换时间（min）	10	10	10	—
平均行驶速度（km/h）	20	20	32	—

续上表

基本参数	车辆线路			
	226	M367	M206	M337
运行里程(km)	—	12.7	14	8
运营及充电站能力				
发车间隔	8.4min	42s	—	—
配车数(辆)	10	120	4	—
备用电池(个)	12	112	—	—
备用电池裕量系数(%)	20	10		
续驶里程利用率	0.95	—	—	—
续驶里程可支持时间(h)	3.81	—	—	—

上海市纯电动公交车线路运行参数 表3-5

车辆类型	上海哈密路 825路纯电动公交车	上海世博会 电动公交车	上海交通大学 闵行校区校内巴士
运行时间	5:30—22:30	8:00—23:30	—
高峰时段	7:30—9:00、17:30—19:30	9:30—11:00、14:00—15:00、20:30—21:30	
断面流量(辆/h)	1000	12000	—
车容量(人/车)	70	70	70
充电倍率	0.3C	0.3C	0.3C
充电机功率(kW)	9	9	60
续驶里程(km)	80	80	80
电池更换时间(min)	10	10	10
平均行驶速度(km/h)	20	20	32
运行里程(km)	12.7	14	8
运营及充电站能力			
发车间隔	8.4min	42s	—
配车数(辆)	10	120	4
备用电池(个)	12	112	—

续上表

车 辆 类 型	上海哈密路 825 路纯电动公交车	上海世博会 电动公交车	上海交通大学 闵行校区校内巴士
备用电池裕量系数(%)	20	10	—
续驶里程利用率	0.95	—	—
续驶里程可支持时间(h)	3.81	—	—
充电站类型	电池更换	电池更换	充电,时间3h

3.2.3 纯电动车辆能耗经济性

纯电动公交车充电站作为动力补充与维修服务的载体,是纯电动公交车发展与广泛应用的核心配套设施。纯电动汽车的能耗经济性与车辆续驶里程、单位里程能耗等(即能量利用率)密切相关。

能源消耗经济性常以一定的车速或循环行驶工况为基础,以车辆行驶一定里程的能量消耗量或一定能量使车辆可行驶的里程进行衡量。

续驶里程是纯电动汽车电池组充满电后可连续行驶的里程,可以分为等速续驶里程和循环工况续驶里程。此项指标是综合评价纯电动汽车电池组、电机及传动系机械效率、电动汽车实用性的重要指标。但此指标与电动汽车电池组容量及电压水平有关,在不同车型和装配不同容量电池组的同种车型间不具有可比性。即使装配相同容量同种电池的同一车型,续驶里程也受到电池组状态、天气、环境因素等使用条件影响而有一定的波动。

以电池组作为唯一动力源的纯电动汽车按等速或按工况行驶单位里程所消耗的电池组容量为单位里程容量消耗。在不同的电池组放电深度下行驶相同里程所消耗的电池组容量不同,以单位里程容量消耗作为能耗经济性的评价参数,在不同的电池组使用条件下存在一定的误差,在不同车型间不具有可比性,仅适用于电压等级相同、车型相似情况下能耗经济性的比较或同一车型能耗水平随电池组寿命变化历程分析。

单位里程能量消耗又可以分为单位里程电网交流电量消耗和电池组直流电量消耗。直流电量消耗仅以车载电池组的能量状态作为标准,脱离了充电机的影响,可以比较直接地反映纯电动汽车的实际性能。

单位容量和单位能量消耗行驶里程作为纯电动汽车能耗经济性的评价指标,分别是单位里程容量消耗和单位里程能量消耗的倒数。为了对不同车型的能耗水平进行分析和比较,引入直流比能耗的概念,即单位质量在单位里程上的能耗,此参数可以体现不同车型间传动系匹配优化程度和能量利用效果。单位里程容耗和能耗的区别在于计算中是否考虑电池组电压变化的影响。如图3-3所示。

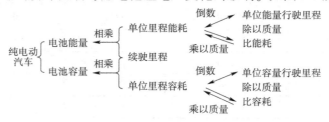

图3-3 电动汽车能耗参数关系示意

为比较不同车型的单位里程能量消耗，对北京市纯电动车辆进行了抽样调查，得到纯电动车辆能耗数据对比（表3-6）。

北京纯电动车辆能耗数据对比　　　　表3-6

车　　型	总质量(kg)	电池类型	续驶里程(km)	能耗(kW·h/km)	比能耗[W·h/(km·t)]
YW6120DD	15210	铅酸 (336V340Ah)	163 ($v=40$km/h)	0.7	46.0
BJD6100-EV	15525	铅酸 (384V300Ah)	168 ($v=40$km/h)	0.66	42.5
BFC6110	12560	锂离子 (388V600Ah)	313 ($v=60$km/h)	0.51	40.6
HFF6112GK50	14420	铅网 (384V250Ah)	154 ($v=40$km/h)	0.62	43.0

3.3 快充纯电动公交车运营线路分析

3.3.1 "快充"破解电动车发展瓶颈

2011年4月，重庆市689路、687路公交线上纯电动公交车亮相了，这种电动客车由重庆恒通客车有限公司生产，车身长12m。这是重庆公交集团首次采用快速充电的纯电动公交车。在运营的两年时间中，这些车辆所采用的钛酸锂电池及10min快充技术通过了实际商业运营的严苛考验。689路往返于空港枢纽与台商工业园（往返里程29km），687路往返于空港枢纽与空港新城（往返里程20km），这两条线路上15%坡度的路段分别为6km与3km,而超过20%坡度的路段有0.5km,属于山城重庆典型的线路特征。两条线路所配置的车辆型号为CKZ6127HBEV,采用额定功率90kW的交流异步水冷电机直驱;依照线路长度,采用的电池组分为556V110Ah、556V140Ah两种类型。截至2013年3月,共31台车辆投入运营,分别是2011年4月投入运营6台,2012年7月投入运营17台,2012年8月投运8台。快充纯电动公交车在重庆公交687、689两条线路上的累计运营里程达到了71万km,其中单辆车运营里程最长近6万km,总体运营情况良好。

国家电网有限公司建设与运营的快速充电站为687、689两条线路的快充纯电动公交车服务,包括6套450kW充电机,可同时满足6辆快充纯电动公交车同时快速充电,为50辆以上车辆的车队服务。充电机充电电流为500A,可在10min内完成单车充电。

2014年,609路区间线路(渝北空港工业园到绿梦广场)有6辆纯电动公交车投入运营。该公交车虽然是靠电能驱动,但却是"身材"最庞大的公交车,充满一次电只需要10min,续驶里程却可达60km。

这6辆新投入到609路区间线路的纯电动公交车没有任何储油设备,所有的能量由每辆车上的5组磷酸铁锂电池提供。重庆恒通客车有限公司的快速充电站为609路区间公交车充电时,采用两把充电枪插进车尾的充电插口,充电桩上的显示屏可显示充电的各种数据,如图3-4所示。该车车身长12m,相当于BRT(快速公共交通)公交车,是2014年投入运营的重庆公交车中最长的。车上装有5组价值50万元的电池,整台车的售价高达130万元,可以说是2014年重庆最贵的公交车。

图3-4 重庆609路区间线路纯电动公交车双插口快速充电

在湖州公交公司停车场的充电站内,一辆纯电动公交车仅用10min便完成了充电过程。这是因为,微宏动力系统(湖州)有限公司(以下简称微宏)的充电机配备了两个充电口,充电电流提高到500A,电池组标称电压为560V,标称容量为80Ah,储能总值为45kW·h,最大持续放电电流为200A,最大脉冲放电电流为

400A。由于在电池正负极材料、电解液和隔膜技术三个方面都进行了重大创新,加上电池管理系统技术的优化,微宏公司的充电技术避免了快速充电对电池使用寿命和循环使用次数的不利影响,其电池循环使用次数可达到2万次。

微宏公司致力于在经济性与商业化上实现突破,纯电动汽车若采用上述充电技术,不仅能够满足公交车的基本需求,而且使用成本大大低于同配置的传统燃油客车,5年内就能收回成本,公交公司的投资能够更快得到回报。

3.3.2　快充纯电动公交车的示范运营

2014年湛江市开展了纯电动公交车(钛酸锂电池)试运行,运营线路为新扩建的海滨大道公交快线,这也是该市第一条零排放公交线路。该线路从麻章车站始发经过14站到达东堤车站。此次投入的15辆纯电动公交车是继2013年投入170辆LNG环保公交车,实现市区公交车全部为环保公交车后又一"环保公交力作"。

随着市区私家车保有量的迅速增加,如何减少尾气排放成为城市环保领域的一大焦点问题。LNG环保公交车、电动公交车的投放,不但让市民能更多地改驾车出行为乘坐公交出行,更能大大减少尾气排放。该市投入运营的车长10.5m的电动公交车,充电15min续驶里程可达60km;车长10~12m的钛酸锂电池纯电动公交车,按车长不同,造价150万~200万元/辆。

2014年4月9日,青年汽车集团与九龙巴士有限公司在浙江金华签订8辆纯电动公交车的采购协议。这8辆纯电动公交车的亮点是:搭载由"青年"牌汽车自主研发的第三代纳米碳锂电池,无污染,零排放;电池使用寿命超过10年,并且5min内即可充满电。

3.4　电池更换纯电动公交车示范运营分析

2008年以来,北京市采用了电池更换模式的纯电动公交车示范运营,取得了很大成绩,为探索纯电动公交车电池运用和充电站设备运用提供了很多基础性技术支撑。

3.4.1　快换纯电动公交车运行条件

1. 电池更换模式的公交通用充电站运营设计

在对一个充电站进行运营前,首先要详细了解其服务对象的特点。纯电动公交车的电池快换充电站,则首先需要其所服务的公交系统提供相应的公交线路、车辆特点等基本设计参数。由于所提供的基本设计参数会存在不同的侧重点,且其详细程度不同,因此,不同种类的基本设计参数所对应的运营方案设计算法也有所不同。

2. 电池更换模式充电站及基本参数估算

城市公共交通的纯电动公交车运营受充电站场地限制,在充电站规模基本确定的情况下,可对充电系统的规模和充电能力进行估算。

(1)高峰小时发车间隔。

常规发车间隔的确定可用发车间隔计算方法,对于客流较集中且客流量较大的公交服务线路,其发车间隔的计算可予以简化。线路客流较集中的高峰小时发车间隔为：

$$T = \frac{C_b}{H_m} \tag{3-1}$$

式中:T——发车间隔,min;

C_b——已知车容量,人/辆;

H_m——高峰小时断面客流量,人/h。

(2)运行线路。

公交车辆的发车间隔、运行线路长度、平均行驶速度及线路配车数之间有如下制约条件：

$$W \times V \times T = L \tag{3-2}$$

式中:W——线路配车数,辆;

V——平均行驶速度,km/h;

T——发车间隔,min;

L——运行线路长度,km。

以上这几个因素既要符合公交线路的实际需求,也要符合互相的制约条件。公式中的发车间隔是根据所需运能确定的,平均行驶速度是根据具体线路的路况及交通状况等得出的经验值,而车辆运行线路长度的制定是否合理则影响车辆续驶里程的利用率(电池容量的利用率)。车辆的续驶里程是反映车辆性能和实用性的重要指标。同时,可基于剩余电量(SOC)的车辆续驶利用率,对单位公里用电量进行核算,形成每条线路运营长度范围。

(3)车辆每天电池更换次数。

车辆每天电池更换次数主要与车辆的续驶里程、运行参数及公交运营模式有关。续驶里程可支持运行时间与全天运行时间的关系是车辆换电池次数的主要决定因素。为了保证高峰期车辆全部发车，高峰期结束部分车辆收车，每个高峰期都需增加换电池次数。因此车辆每天电池更换次数 N_{ct} 计算公式如下：

$$N_{ct} = \left[\frac{1}{2} \left(\frac{T_{br}}{L_r \times \frac{\mu}{V}} + N_{rh} \right) \right] \tag{3-3}$$

式中：[ ]——取整符号，N_{ct} 得出值误差为 ±1；

T_{br}——车辆全天运行时间，min；

L_r——续驶里程，km；

μ——续驶里程利用率，$\mu = \frac{nL}{L_r}$；

V——车辆平均行驶速度，km/h；

N_{rh}——全天高峰期次数，次；

n——不等于0的自然数，取值符合不等式 $nL \leq L_r$ 中的最大值；

L——车辆运行线路长度，km。

由于估算模式下车辆的运行参数并不确定，因此 T_{br}、V、N_{rh}、L 值均需根据充电站所在地点的公交线路进行经验估计。

注：如果给出一段时间总车辆充电量和总充电次数，可以采用下面公式计算每辆车每天换电池次数：

平均每辆车每天换电池次数 = 总车辆充电次数（换电池次数）/车辆数/运行天数/η。

其中，η 为考虑每日客流平峰期车辆非全部发车、部分车辆运营线路不同以及运行期间车辆调试停驶天数的调整系数。

(4) 备用电池数量。

依据现有充电站电池快速更换技术，每辆纯电动公交车的电池更换时间约为 10min。一般来讲，公交车数量较多，所有车辆的电池更换时间总和就比较多。此外，电池更换模式中，为了使公交车在运营过程中及时更换电池再投入运营中，除了纯电动公交车自身携带的电池外，还需要一些备用电池。备用电池在换下来的电池没有充满电而又有车辆需换电池时使用。备用电池数求解公式如下：

$$N_b = \frac{T_{ch} \times N_r}{T_c \times \gamma} \tag{3-4}$$

式中：N_b——备用电池数，个；

T_{ch}——充电时间；

N_r——换电池设备套数,套;
T_c——车辆电池更换时间,min;
γ——备用电池储备系数。

此种方法计算出的 N_b 为所需备用电池最大量,若对具体的运营方案进行优化,N_b 值还可进行缩减。因此结合以往经验,γ 值一般可取 1。一般备用电池有 10% 的裕量。

(5)充电站服务能力。

$$N_c = \frac{T_r \times N_r}{T_c} \times C_c \qquad (3\text{-}5)$$

式中:N_c——每天最多服务车次;
T_r——全天工作时间,min;
N_r——快换电池设备套数;
T_c——车辆电池更换时间,min;
C_c——储备系数。

对于 C_c,主要考虑到由于电池更换车间一般采用多更换通道,每通道为至少两辆车提供电池更换服务,因此若同时有两辆或以上车辆进行电池更换,通道内前后车会相互影响而导致实际更换时间增加。其次,每天可用于电池更换的时间有可能少于规定的工作时间。结合统计数据,C_c 取 0.8 为宜。

$$N_{bus} = \frac{N_c}{N_{ct}} \qquad (3\text{-}6)$$

式中:N_{bus}——可服务车辆数;
N_c——每天最多服务车次;
N_{ct}——车辆每天电池更换次数。

(6)配电容量。

$$P = \frac{P_c \times N_{cm}}{\eta \times \varphi} \times C_{st} \qquad (3\text{-}7)$$

式中:P——配电容量,kW;
P_c——充电机输出功率,kW;
N_{cm}——充电机数量,个;
η——满载充电效率;
φ——线路及无功损耗;
C_{st}——充电机同时利用系数。

充电机同时利用系数和更换频率密切相关,更换频率越高则利用系数越高。在估算中同时利用系数往往取经验值。

基于公交线路运营调度进行充电站运营规划和优化计算,适合于公交线路及规模已确定、设计可以满足配套充电站运营规划及优化设计。

(7) 续驶里程可支持运行时间。

续驶里程可支持运行时间 T_{rr} 可由式(3-8)求出:

$$T_{rr} = \frac{\mu L_r}{V} \tag{3-8}$$

由于车辆发车间隔 T 的存在,则换电池时间为:

$$T_{ca} = \left[\frac{W}{2N_r}\right] \times T_c + T \times (N_r - 1) \tag{3-9}$$

$$T_{ca} = \left(\left[\frac{W}{2N_r}\right] + 1\right) \times T_c + T \times (N_r - 1) - \left\{\left(\left[\frac{W}{2N_r}\right] + 1\right) \times N_r - \frac{W}{2} - 1\right\} \times T$$

式中:T_{ca}——换电池所需总时间;

[ ]——取整符号;

W——线路配车数,辆;

N_r——快换电池设备套数;

T_c——车辆电池更换时间。

(8) 高峰期允许换电池时间的最大值。

常规公交调度中,高峰期的发车密度约为平峰期的两倍,因此高峰期的发车方案一般分为两种:第一种为缩短发车间隔,而每次发车依然保持平峰期的一次发一车;第二种为发车间隔不变,一次发两车。后者在调度上相对简单一些,通常会采用此方法。在高峰期结束收车时,收车数量为线路配车数的一半,且以发车间隔依次收车。由于客流高峰期的存在,高峰期线路上运行的车辆数要增加,因此要在高峰期到来前保证所有车辆电池均已更换完毕。而高峰期结束时应撤下一批车以恢复平峰期线路上运行的车辆数。因此,高峰期允许换电池时间的最大值 T_{cmax} 为:

$$T_{cmax} = T_{rr} - T_{pl} \tag{3-10}$$

式中:T_{rr}——续驶里程可支持运行时间;

T_{pl}——高峰期续驶里程可支持运行时间最大值。

设变量 $T_{ctemp} = T_{cmax}/2W$ 表示一辆车允许换电池时间的最大值,将其与一辆车换电池时间 T_c 进行比较,若 $T_{ctemp} > T_c$ 则说明只需一套快换电池设备即可满足车辆换电池需求;若 $T_{ctemp} \leq T_c$ 则说明需要增加快换电池设备的数量,使同时更换电池车辆数增加。重新设定 $T_{ctemp} = (T_{cmax}/2W) \times 2$,即两套快换电池设备同时工作,再将 T_{ctemp} 与 T_c 进行比较,循环计算直至 $T_{ctemp} = (T_{cmax}/2W) \times i$($i$ 为大于等于 2 的自然数)$T_{ctemp} > T_c$,此时得出的 i 值为不考虑车辆发车间隔的快换电池设备套数。

(9) 充电站最大服务能力。

标准充电站的最大服务能力如下:

$$C_{标} = M_{快换} \times \mu_{快换} \times t \quad (3-11)$$

式中:$C_{标}$——标准充电站的最大服务能力,辆/日;

$M_{快换}$——快换服务台的个数,个;

$\mu_{快换}$——快换服务台的服务率,辆/h;

t——充电站的服务时间,h。

考虑每辆车无效服务时间的充电站的设计服务能力为:

$$C_{标} = M_{快换} \times \mu_{快换} \times t \times k \quad (3-12)$$

式中:$C_{标}$——标准充电站的最大服务能力,辆/日;

$M_{快换}$——快换服务台的个数,个;

$\mu_{快换}$——快换服务台的服务率,辆/h;

k——充电站每天有效工作时间系数,一般取 0.6~1。

(10) 全天集中换电池次数。

全天集中换电池次数 i 为

$$i = \left[\frac{T_{br}}{T_{rr}} + N_{rh}\right] \quad (3-13)$$

式中:T_{br}——车辆全天运行时间,min;

T_{rr}——续驶里程可支持运行时间,min;

N_{rh}——全天高峰期次数,次。

3. 电池更换模式充电的影响因素

电池充电过程中的负载特性是变化的,充电前期功率上升,充电后期功率下降。由于快速更换的特点,把纯电动公交车上用完的电池卸下来,更换充满电的备用电池,充电机再对卸下来的电池进行充电,所以存在充电机同时利用系数概念。充电机同时利用系数和更换频率密切相关,更换频率越快,同时利用系数越高。在估算中,充电机同时利用系数往往取经验值,只有在对具体的运营方案进行设计时才可获得较准确数值。

采用电池更换方式,必须通过和电池箱合为一体的电池管理系统对充电进行控制，由电池管理系统为充电设备提供最大允许充电电流和电池单体信息。为防止单体电池过充，采用电池组中最高电压单体电池作为电池充电恒压转换点，当电池组中有一只电池的电压达到上限阈值，充电电流就开始减小，保证单体电池电压不超过上限阈值。电池管理系统根据环境温度对最大充电电流进行限制。采用这种方法并配合定期的电池维护，可保证电池的一致性，最大限度地延长电池的使用寿命。

目前常规的充电倍率为 0.3C（C 为电池容量，单位为 Ah，0.3C 代表以电池容量的约 1/3 电流进行先恒流后恒压充电）。要加快充电速度，达到 1C，则电池箱的温度必须控制在 10℃ ~ 40℃，最佳范围为 20℃ ~ 35℃。

季节温度对电动车电池的充放电也有一定影响。冬季环境温度较低，充电电流相对于夏季有所下降，导致充电时间延长。而夏季车辆需要开空调，因此实际续驶里程将有所下降。综合冬季和夏季温度对充放电的影响可知，若冬季沿用夏季的运营模式，则充电时间相对减少，导致车辆实际续驶里程减少，但冬季车辆无须使用空调，所以其在行驶同等距离的情况下用电量相对减少。因此，针对冬、夏季这种互补情况，在合理确定车辆续驶里程的前提下无须对运营模式进行改变。

理想情况下，锂离子电池的充放电过程就是锂离子的嵌入和脱出过程，它只引起电池内部晶格的变化，而不造成其他影响，充放电过程具有很好的可逆性，电池的循环寿命会很长。电池的容量与可循环的锂离子脱出和嵌入的数量直接相关，电池的充放电容量效率一般为 1，否则就表示在充放电过程中出现了可循环的锂离子的丢失，对应的就是电池可用容量的下降。实际锂离子电池的充电效率测试也印证了这一点，通过对锂离子电池进行大量循环测试，可以得到电池的平均充放电效率约为 99.96%。因此，电池的容量随着循环次数的增加逐渐衰退，故在确定续驶里程时要将容量衰退因素考虑进来，留有一定的衰退裕量。当超过裕量限制时，电池将不可以继续作为原车型动力电池应用，而是进行二次利用，例如可用作电网储能电池、电动自行车用电池、太阳能或风能等新能源储能电池。

3.4.2 电池更换模式纯电动公交车示范运行

北京 2008 年奥运会期间投入 50 辆纯电动公交车，配套建设一个电池更换站。这是国内第一次采用电池更换方式为电动商用车服务，取得了一定的运行经验。

上海 2010 年世博会期间投入 120 辆纯电动公交车，配套建设一个电池更换站,这是国内第一次大规模采用电池更换方式为电动商用车服务,并实现高负荷运行,取得了丰富的运行经验。中国馆班车1、2、3路和1213路撤下来的120辆新能源纯电动车投放到上海市区,其中80辆投放到23路和939路,这两条线路率先实现全部纯电动车运营;剩下的车辆投放到36路公交线上,以替代部分燃油运营车辆。

青岛是电池更换模式纯电动公交车大规模运用的城市。智能充换电服务网络示范工程青岛薛家岛充换储放一体化站,是集公交车充换电、乘用车电池集中充电与储能于一体的充换电站。该充换电站为青岛市公交线路上运行的电动公交车提供换电服务,可满足280辆电动公交车的换电需求;可为1440箱乘用车电池集中充电,为黄岛区电动乘用车提供集中充电和电池配送服务。该充换电站可实现5.6万kW·h电能储存,实现1.1万kW·h电能储放功能。

充换电站"机器手"和备用电池摆放位置、车辆电池更换摆放位置、应急电池更换车如图3-5～图3-7所示。

图3-5 充换电站"机器手"和备用电池摆放位置

图3-6 车辆电池更换摆放位置

图3-7 应急电池更换车

3.4.3 电池更换模式纯电动公交车充电站成本分析

1. 充电站成本分析

充电站成本由三大部分构成:基础设施成本、配电设施成本、运营成本。充电基础设施成本包括充电设备费用、电池维护费用、充电站监控及安全监控设备费用、土地购置费用。基础设施成本和配置的充电设备个数有直接关系,假设充电站有10台充电设备,充电设备、电池维护设备、充电站监控及安全监控设备的成本分别为200万元、20万元、20万元,则基础设施成本为240万元。充电站配电设施成本相对固定。充电站配电设施一般包括 2 台变压器、1 台配电柜、1km0.4kV 电缆、2km10kV 电缆、容量 700kVA 以上的有源滤波装置,成本在 192 万元左右。充电站运营成本包括员工费用、站内设备消耗费用等。配电设施维护成本一般为配电设施成本的 3% 左右,大约每年 6 万元。

2. 充电站成本回收分析

充电站成本回收和电池的续航能力有很大关系,相关学者对充电站成本回收和电池续航能力做了敏感性分析,当电池续航能力达到每小时 70kVA 时,充电基础设施成本回收期为 6.53 年,充电站基础设施和配电设施回收期为 11.76 年;当电池续航能力达到半小时 70kVA 时,充电基础设施成本回收期为 3.27 年,充电站基础设施和配电设施回收期为 5.88 年;当电池续航能力达到 15min70kVA 时,充电基础设施成本回收期为 1.63 年,充电站基础设施和配电设施回收期为 2.94 年。总体来看,单个充电基础设施和配电设施投资额不算大,如果电池续航能力能够达到半小时 70kVA 以上,充电站成本回收期就能控制在 6 年以内。单个充电基础设施和配电设施投资在 430 万元左右,第一阶段建设 75 座充电站,总投资约 3 亿元,这对国家电网有限公司来说负担不大。

对电池更换纯电动公交车推广应用也有"望而止步"的城市,如山东临沂。目前电池的寿命很难达到 5 年,这就涉及电池更换的问题。更换一个电池需要 60 万元左右,对部分城市而言的确是一笔不小的投入。

3. 电池温度过高影响运行速度问题分析

以广州市为例,广州夏季温度较高,电池升温过快。关于电池升温过快影响运行速度问题,在笔者对公交车运营现场调研中,相关人员介绍了最早购买的第一批电动公交车的 10 组电池情况。相关人员说,只要有一组电池温度达到 59℃,电动公交车就会自动报警,并且车速会变得很慢。例如,一辆电动公交车在行驶过三站后,警报就开始响起,说明该车行驶不久电池温度就已经达到了 59℃ 的临界点,车辆车速在 45 迈以下。当行驶到一个大约 30° 坡度的上坡路段时,车辆开始缓慢爬行,车速仅为 20 迈(注:1 迈速 =1.609344km/h)。

另外,纯电动公交车采用电池更换模式时,由于夏季温度高,有的电池充不进去电,需要延长充电时间,这使公交车等待电池更换的时间也相应拉长。由于电池充电时间延长,车辆不能及时更换电池,影响公交公司的运营效率,无形中造成了资源浪费。因此,电池更换纯电动公交车运行线路和组织模式选择非常重要。早期电池更换纯电动公交车夏季平均行驶大约 54km 就要返回充电站进行电池更换。根据剩余电量的不同,电池充电时间从 30min 到 45min 不等。

3.4.4 超级电容纯电动公交车示范运营

1. 合肥"磷酸铁锂电池+超级电容"动力系统纯电动公交线路运营

2010年1月23日在安徽合肥纯电动公交车示范运营启动仪式上，30辆纯电动公交车正式投入18路开始运营。每天每辆车都要往返8~9趟，约250km。据了解，这30辆纯电动公交车为安凯HFF6120G03EV型号客车，采用合肥国轩高科动力能源有限公司制造的"磷酸铁锂电池+超级电容"动力系统。这款纯电动公交车充电耗时3~5h，最多可运行近320km；其电池动力系统可进行3000~5000次充电，按照每天充电一次计算，寿命在10年以上。

在白天运营时开启空调的情况下，上述纯电动公交车可行驶超过160km；不开启空调时，可行驶250~300km。每辆纯电动公交车每天可以往返8~9趟，在实用性上已经不输传统客车。相关调研表明，合肥运行的这批纯电动公交车单车每天能行驶150多km，少于合肥公交车日均行驶里程（合肥公交车日均行驶里程一般是200多km）。基本上，这些公交车一半在充电，一半在行驶。因此，为了保证纯电动公交车线路正常运营，公交公司在配车比例上做了调整，配车比例系数（简称配车比）一般是1:1.5以上（传统车为1，电动车大于1）。这批纯电动公交车采取电池租赁的方式，除去电池的价格和政府补贴，每台采购价格为110多万元，而合肥市普通公交车的采购价格为每台20万~30万元。

此后，随着"十城千辆"工程在合肥市全面铺开，截至2011年4月，已有180台纯电动客车在14条公交线路上运行，累计运输乘客超过500万人次。

无论混合动力、纯电动还是天然气公交车，如何确保安全稳健、高出勤率、低运维成本，是所有公交公司关注的问题。2012年，安徽省电力公司稳步推进智能充换电服务网络建设，加大"换电"模式推广力度。2012年底，合肥市在高新区等地建设3座充换电站和1000个交流充电桩，基本满足了电动汽车的充换电需求。有了这种充换电站，纯电动公交车在短短几分钟内就能更换好充满电的电池，更换下的电池则继续充电，从而避开了漫长的充电等待过程，让纯电动公交车行驶变得更有效率。

2. 淄博超级电容纯电动公交车运营

淄博市引进18辆安凯电容电池纯电动公交车（见图3-8），投入136路公交线路的运营中。136路公交线路总长42km，单车每日往返5趟，单车日行驶里程超过200km。该线路具有里程长、运量大、上下班高峰期人流量大等特点。另外，淄博地处我国北方，冬季气温较低，最低可达-13℃左右，所以对运营车辆的要求很高，尤其是对纯电动公交车充电时间、续驶里程、低温环境下运营的可靠性等都有极高的要求。

图3-8　淄博市整装待发的安凯快充式纯电动公交车

安凯电容电池纯电动公交车是安凯汽车股份有限公司继直充、快换电池纯电动公交车后的又一个新产品，采用了最新的电容电池技术。该车使用大电流非对称电容电池，夜间利用低谷时段进行充电，提升运营经济性；白天运营高峰时，该车可以进行快速补电2~3次，每次充电仅10min。经实地反复测试，安凯电容电池纯电动公交车每天续驶里程可达280km，完全能够满足日常运营的需要。

为了防止在低温环境下电池能量衰减太快，安凯汽车股份有限公司专门研发了电池热管理系统，可在低温运行环境下自动对电池进行增温，保障电池性能的可靠性。经实地测试，安凯电容电池纯电动公交车能够在-30℃的条件下运营，完全可以满足我国绝大部分地区的运营要求。此外，安凯电容电池纯电动公交车采用全程承载车身技术，相比国内其他同类车型，整车质量减少了1t左右，整车强度提升了3~6倍，大大提高了续驶里程和车身安全性。

安凯汽车股份有限公司在2007年推出"超级电容+锂电池"纯电动客车，2010年推出增程式纯电动客车，2011年与国家电网有限公司合作推出快换电池纯电动客车，并成功向市场推出电容电池纯电动客车。安凯客车始终站在我国新能源客车科技创新领域的前沿。

3.4.5　青岛纯电动公交车慢充与电池更换两种模式运营比较分析

2009年，国家科学技术部等相关部委启动"十城千辆"工程，在各地政府的推动下，新能源公交车发展迅速，势头良好。青岛公交集团公司积极响应国家政策，在车辆采购中加大新能源车辆比例,而且积极试用纯电动新型车辆,使纯电动公交车试运行取得了良好效果。

随着青岛市薛家岛智能充换电站的投入使用,为保证纯电动车辆的试运行效果,青岛市又加大了试运行车辆规模,先后在通过胶州湾海底隧道的路线上投入40辆快换电池纯电动公交车。

1. 假设理想情景——每天充一次电满足行驶里程要求

第一,目前电池组比能量约为 70Wh/kg,每日平均续驶里程约 220km,如果采用充电方式,为了满足续驶里程要求,每天充一次电,就要至少装载 220kW·h、约 3100kg 的电池。为了减小车体质量,少装电池,就会出现一些示范项目中两辆车当一辆车用的现象,也就是两辆车在同一天轮班往返运行。

第二,即使不考虑电池寿命,采用快速充电,按照目前一般公交车装载 140kW·h 电池测算,按照 3C 倍率充电,充电功率将达到 420kW。交流侧(380V)电流达到 600A,导线线径需达到 240mm²。直流侧(537V)电流将达到 800A,充电连接器正负极分别需要 2 根直径 18mm 的触头。为保证连接器触头可靠的电气连接和满足温升的要求,结构设计要有非常大的保持力,连接器插拔力将会达到 500N 以上,这时就要架装助力装置,但会大大增加连接器的体积和质量,使充电操作非常困难。

第三,如果选择换电方式,可以采用分箱充电 0.3C 倍率充电,充电电流仅为 80A,可有效降低交流侧的导线线径和直流触头,提高电池组内电池充电均衡性。换电模式还便于电池使用过程中的维护,及早发现电池差异,对电池组进行均衡处理,甚至更换性能差异较大的电池,有效延长电池组的寿命。同时,当动力电池无法在电动车上应用时,一般电池性能仅下降 30%~40%,还有巨大的利用空间,可在变电站直流电源、储能电站等方面对电池进行梯次利用。另外,还可以根据行车路线,做到电机、电池质量与车辆运行最佳匹配。这样,既节省电池,降低车的质量,又提高了运行维护效率和效益。因此,通过换电模式,可以有效减少电动车使用动力电池的成本,提高电动车经济性。

2. 纯电动公交车两种模式经济性对比分析

在青岛纯电动公交车试运行初期,存在整车充电与电池快换两种模式,这也是目前国内纯电动车辆的主要充换电模式。两种模式各有利弊,具体分析如下。

(1)两种模式下的车辆采购成本对比

表 3-7 为两种模式下的车辆采购成本对比(以上海申沃纯电动车为例),表 3-8、表 3-9 为两种模式下的经济性分析。

上海申沃纯电动车成本对比 表3-7

项　目		电池快换模式（租赁电池）	整车充电模式（购买电池）	备　注
车辆费用	实际采购成本	110万元	165万元（首次采购整车）+44万元（第二次购买电池）+35万元（第三次购买电池）=244万元	电池价格按照每三年20%递减
	综合折旧费	13.75万元/年	30.5万元/年	
	费用来源	政府相关部门	政府相关部门	
电池费用	采购及电池维护费用	包含在电费里	包含在车辆费用里	
	费用来源	公交公司	公交公司	
	电池维护人	国家电网有限公司	整车厂	

注：钛酸锂电池、多元复合锂电池整车快充新型电池的寿命可以达到8年。

电池快换模式纯电动公交车经济性分析 表3-8

年运行里程(km)	60000	维修工时单价(元)	20.00	千公里维修定额			材料费(元)	850
电价[元/(kW·h)]	2.2	驾驶员年收入(万元)	5				工时(个)	15
千公里耗电量(kW·h)	1200	百公里收入(元)	300.00				计提(万元)	1.05
第几年	购车费(万元)	电费(万元)	驾驶员年收入(万元)	维修费			年运营费用(万元)	年客运收入(万元)	年度盈亏(万元)
				材料费(万元)	工时费(万元)	固定计提(万元)			
1	110	15.84	5.00	0.00	0.00	1.00	21.84	18	-3.84
2		15.84	5.00	0.00	0.00	1.50	22.34	18	-4.34
3		15.84	5.00	4.08	1.44	4.00	30.36	18	-12.36
4	0	15.84	5.40	4.59	1.62	4.00	31.45	18	-13.45
5		15.84	5.40	5.10	1.80	4.00	32.14	18	-14.14
6		15.84	5.40	5.61	1.98	4.00	32.83	18	-14.83

续上表

第几年	购车费（万元）	电费（万元）	驾驶员年收入（万元）	维修费			年运营费用（万元）	年客运收入（万元）	年度盈亏（万元）
				材料费（万元）	工时费（万元）	固定计提费（万元）			
7	0	15.84	5.83	6.12	2.16	4.00	33.95	18	−15.95
8		15.84	5.83	6.63	2.34	4.00	34.64	18	−16.64
合计（万元）	110	126.72	42.86	32.13	11.34	26.50	239.55	144.00	−95.55
支出合计（万元）		349.55（万元）		收入合计（万元）		144.00	盈亏		−205.55

注：①工资参考国家统计局公布的《2010年城镇非私营单位在岗职工年平均工资》统计数据，驾驶员收入按照每三年8%的速度递增。②电费参照同期柴油价格核算。按照目前12m空调柴油车耗油量35L/100km，12m空调纯电动车平均耗电120kW·h/100km，柴油价7.54元/L计算，核算后每kW·h电价为2.2元。③材料费参照上海世博会后公交公司相关协议以及北京纯电动车售后服务费用，取850元/1000km。④固定计提费是指车辆轮胎更换、大修及检测费用。⑤车辆前2年内，工时、材料免费。

整车充电模式纯电动公交车经济性分析　　　表3-9

年运行里程（km）	60000	维修工时单价（元）	20.00	材料费（元）	850
电价[元/(kW·h)]	0.8	驾驶员年收入（万元）	5	千公里维修定额 工时（个）	15
千公里耗电量（kW·h）	1200	百公里收入（元）	300.00	计提（万元）	1.05

第几年	购车费（万元）	电费（万元）	驾驶员年收入（万元）	维修费			年运营费用（万元）	年客运收入（万元）	年度盈亏（万元）
				材料费（万元）	工时费（万元）	固定计提（万元）			
1	165	5.76	5.00	0.00	0.00	1.00	11.76	18	6.24
2		6.34	5.00	0.00	0.00	1.50	12.84	18	5.16
3		6.97	5.00	4.08	1.44	4.00	21.49	18	−3.49
4		7.67	5.40	4.59	1.62	4.00	23.28	18	−5.28
5	44	8.43	5.40	5.10	1.80	4.00	24.73	18	−6.73
6		9.28	5.40	5.61	1.98	4.00	26.27	18	−8.27

续上表

第几年	购车费（万元）	电费（万元）	驾驶员年收入（万元）	维修费			年运营费用（万元）	年客运收入（万元）	年度盈亏（万元）
				材料费（万元）	工时费（万元）	固定计提（万元）			
7	35	10.20	5.83	6.12	2.16	4.00	28.31	18	−10.31
8		11.22	5.83	6.63	2.34	4.00	30.02	18	−12.02
合计（万元）	244	65.87	42.86	32.13	11.34	26.50	178.70	144.00	−34.70
支出合计（万元）		458.70		收入合计（万元）		144.00	盈亏		−314.70

注：①整车充电模式下，电费按照同期工业用电标准收取。②表中支出合计458.70万元中包括充电配套设施费用。按照每辆车成本核算，充电设备价值15万元，5年更新一次。车辆8年生命周期内，充电机需要更换一次，价值共计30万元。变压器和滤波器费用共计6万元。车辆全生命周期内，每辆车对应的充电配套设施共计36万元，不含土地费用。③每辆车第4~8年需要重新购买电池，计算在购车费中，约79万元。

从表3-8、表3-9可以看出，采用电池快换模式与采用整车充电模式相比，8年内的使用成本低109.15万元。因此，电池快换模式运营经济性优于整车充电模式。两种模式下纯电动公交车亏损费用分析对比见表3-10。

两种模式下纯电动公交车亏损费用分析对比　　　　表3-10

模式	8年内亏损总费用（万元）	平均每年亏损费用（万元）
电池快换模式	205.55	25.69
整车充电模式	314.70	39.34

（2）两种模式下纯电动公交车技术层面对比分析

两种模式下纯电动公交车技术层面对比分析见表3-11，各类电动公交车商业模式比较见表3-11和表3-12。众所周知，电池是当前电动公交车发展的瓶颈，早期使用的电池不仅价格高昂，而且在使用过程中会出现衰减严重的问题。如果电池寿命按3年计算，在车辆8年的生命周期内，需要再购买2次电池，投资成本较大。

两种模式下纯电动公交车技术层面对比分析　　　　表3-11

特点	电池快换模式（租用电池）	整车充电模式（购买电池）
优点	1. 保证电池一致性，延缓电池衰减； 2. 减少电池对温度的依赖性，确保电池散热良好； 3. 公交公司每年都使用新电池，确保车辆续驶里程；	1. 操作方便，人工管理成本低； 2. 无须配置备用电池；

续上表

特点	电池快换模式（租用电池）	整车充电模式（购买电池）
优点	4. 便于电池维护、监控，便于车辆调度； 5. 充电站占地面积小； 6. 对电网影响小，可以回收能量； 7. 安全性高，一旦单箱电池出现冒烟、着火等极端情况，可以随时取出，降低损失； 8. 车辆利用率高，可以做到人休车不休	3. 可以按照传统车的调度方式； 4. 定点充电，车辆空驶里程少
缺点	1. 人工管理成本高； 2. 设备成本高，一次性投入大，需要配置备用电池； 3. 车辆调度方式需要重新安排； 4. 车辆需到充换电站进行充电，车辆始发站与充换电站不是同一个时，空驶里程较大	1. 一致性差，电池衰减快； 2. 电池散热性差； 3. 随着电池使用时间的增加，续驶里程很难保证； 4. 不便于电池维护、监控； 5. 占地面积大； 6. 对电网影响大，需要改造电网及增加滤波设备等； 7. 安全性差，出现极端情况后，损失大； 8. 车辆利用率低

各类电动公交车商业模式比较　　表3-12

项目	商业模式电池组租赁模式	快充模式	慢充模式
充电特点	电池更换时间短	充电时间较短	充电时间较长
充电成本	可利用成本较低的用电低谷充电	不能利用用电低谷充电	可部分利用用电低谷充电
设施设备投资	购车成本较低	基础建设投资较少	购车成本较低
管理与维护	可集中式管理与维护，更具专业性；便于使用情况统计与技术改进	影响电池使用寿命，无法对电池组进行维护管理	有利于延长电池寿命
适用需求	群体用户	城市公共交通或个人的应急充电	家庭用车或公交

采用电池租赁模式时，由电网公司向电池厂商租赁电池，采用新电池可以确保车辆在使用周期内的续驶里程不会减少。电池的维护保养工作也全部由电网公司负责，公交企业只需向电网公司支付电费即可。

其次，通过电池快换模式能保证车辆的利用率。由于车辆电池充电量的多少影响公交车的续驶里程大小，同时车辆的固定充电时间也给车辆班次的编排带来影响，如果编排不合理，充电设备数量较少或电池容量衰减严重可能会造成备用车辆数量增加，甚至会造成车辆停驶情况出现。如果电池供应充足，通过快换电池方式就能够解决以上问题。

综上所述，在车辆充换电站配置合理的情况下，公交公司通过电池快换模式不仅可以规避风险，还能够有效保证车辆的正常运营。充电与换电方式的选择不能单纯从车辆方面考虑，需要从公交应用需求、设备技术可行性、电网安全、电动车整体经济性等各方面系统考虑，选择合理的电能供给方式。

总之，纯电动公交车是采用直充模式还是电池更换模式主要由适合车型和其服务对象的充电模式、车辆运营模式、选择电池的特性等因素决定，而这些因素相互制约、相互影响，共同决定运营规划方案。

3.5 北京纯电动公交车运营的发展

北京纯电动公交车的发展大致可以分为三个阶段。

3.5.1 北京纯电动公交车示范运营阶段(2001—2006年)

2005年，北京公交集团在北京市科学技术委员会的支持下投入运营了4种电动客车：纯电动旅游客车BFC6110EV（见图3-9）；纯电动低地板公交客车BK6120EV（见图3-10）；电动公交客车HFF6112GK50EV（见图3-11）和HFF6850GK60EV（见图3-12）。其中，电动公交车HFF6112GK50EV和HFF6850GK60EV作为首批电动汽车列入我国《车辆生产及产品公告》，是北京市电动汽车示范区示范运营的主力车型。

图3-9　纯电动旅游客车BFC6110EV

注:该车为北方纯电动旅游客车(BFC6110EV,10.7m,36座),采用北京东方聚合新能源技术有限公司生产的 4 块 100Ah(EV 用)锂离子动力直流高性能动力电池,总电压 388.8V。

图 3-10　纯电动低地板公交客车 BK6120EV

注:该车为京华纯电动低地板公交客车(BK6120EV,11.6m,31座),其单体蓄电池生产厂家分别为北京东方聚合新能源技术有限公司(整车整备质量 13670kg)及中信国安盟固利动力科技有限公司(整车整备质量 13050kg);形式为锰酸锂动力电池;型号分别为 LMP53137216 及 STIM23300260(4S);电压为 3.6V;同时部分电池的布置位置由底部布置扩展为顶置式布置。此车仅限北京市电动公交示范线路运营使用。

图 3-11　电动公交客车 HFF6112GK50EV

注:该车为安凯电动公交客车(HFF6112GK50EV,11.2m,20~30座),其单体电池生产厂家为北京世纪千网电池技术有限公司,形式为水平铅酸电池,型号为 6DI85L,电压为 12V,容量为 85AH,质量为 26.1kg;其牵引电动生产厂家为包头长安永磁电机研发有限公司,形式为稀土永磁直流电动机,型号为 KLCD-100,仅限北京市电动公交示范线路运营使用。

图 3-12　电动公交客车 HFF6850GK60EV

注：该车为安凯电动公交客车（HFF6850GK60EV，8.6m，20～25 座），2012 年生产。

以上 4 种车型中，图 3-10 纯电动低地板公交客车（BK6120EV）地板离地高度 300mm，乘客门口无台阶，方便了乘客上下车，并可伸缩踏板，充分体现了对残疾人的关怀。

此阶段纯电动汽车在关键技术方面取得了以下进展。

（1）北京理工大学成功研制的续流增磁稀土永磁电机，辅以线控变速传动技术、变脉宽智能快速充电技术、电动车辆网络化综合控制和能量管理系统等，形成了相对完整的、具有自主知识产权的电动车辆动力系统技术成果体系。

（2）大容量锂离子动力电池在电动汽车上得到成功应用，搭载北京市相关企业研制的大容量锂离子动力电池的电动客车已安全、可靠运行 6 万余 km。

2005 年 6 月 21 日，在北京公共交通 121 路总站，举行了国内首支纯电动公交车队（装备铅酸动力电池）的运行开通仪式，标志着纯电动公交车示范运营项目正式启动。截至 2006 年 8 月，电动公交车队已累计完成运营里程 30 万 km，已形成"一区一线"（密云示范区和 121 示范线）的示范运行格局；开展了公交车、通勤车、班车等多种形式的示范运行工作，在车辆运行、充电机制、基础设施建设等方面取得了宝贵经验。运营模式与充电模式线路运行的电动公交车受车辆数量影响，不能独立承担一条线路的运营工作，因此采用与燃油车辆混编、按班行驶的运行模式，单班日行驶里程约 110km。纯电动公交车采用常规充电模式，即配套建设地面充电站，车辆运行完毕直接进入充电站补充能量。电动公交车运行 2 趟（50.4km）后进行充电，下班后再进行 2h 维护充电，每 15d 进行 1 次 6h 维护充电。充电机采用总线方式联网进行协调控制，实现充电过程的监控。在配套基础设施建设示范运营中，利用新建的西黄庄无轨电车整流站进行技术改造，以满足纯电动汽车的充电要求。

2005年4月建成了包含为28套充电设备的地面充电基础设施,保证了电动公交车电能的可靠供给。同时,在充电站建成了电动汽车实时监控系统,实现了对纯电动公交车的远程实时监控,提供了车辆运行故障分析与诊断平台,并对示范运行数据进行自动化采集、记录和统计,为电动公交车的技术及经济性评价提供原始数据。

将采用铅酸电池慢充模式的纯电动公交车与同期运行的燃油车辆和无轨电车对比后,得到以下几个结论:

①在目前技术条件下,采用铅酸电池慢充模式,鉴于电池的使用消耗特性,将其列入车辆使用成本,则电动车辆单车制造成本与同类型燃油车辆/无轨电车基本相当。

②因受铅酸电池一次充电续驶里程所限,按照当时常规充电2~4h模式,单台电动汽车日完成运载里程仅为燃油车辆的1/2,若改用锂离子电池或采用快速电池更换模式,续驶里程可大大增加。

③从能源消耗角度看,电动汽车的能耗费用与无轨电车基本相当,明显低于燃油车辆。

④在车辆使用成本方面,因电池寿命短,更换成本高,电动汽车的使用成本远高于燃油车辆与无轨电车。

⑤在动力电池性能达到理想状态的情况下,电动汽车在寿命周期内的综合成本低于无轨电车。

⑥考虑到纯电动汽车可有效利用"谷电",以及国内外石油资源紧缺造成的燃油价格激增,对纯电动汽车的使用者而言,其使用成本将与燃油车辆逐步趋同。

3.5.2　北京纯电动公交车技术提升阶段(2007—2012年)

2008年北京奥运会使用的电动客车采用北京理工大学、北京公交集团共同研制的BK6122EV型纯电动客车。该车型具有整车动力性、可靠性、安全性、能耗经济性好等特点,并具有完全自主知识产权。整车造型设计独特,内饰美观高雅,舒适性高,采用专用电动化低地板底盘,整车达到发动机客车超二级相关要求,并解决了与无轨电车弓网兼容的电电混合的关键技术。该车在国际上首次使用先进的锂离子动力电池组、分散式充电快速更换方案、无离合器三档机械自动变速电驱动系统、电动涡旋式一体化冷暖空调等具备自主知识产权的关键部件,综合技术水平和产品化程度高、整车能耗低。

上述纯电动公交车一共有50辆,是奥运会专用公交车,也是2008年"绿色奥运"的一个标志。这50辆纯电动公交车大部分投入到现在的84路上运行,剩下的一小部分投入到81路运行。奥运前夕,为了让这批纯电动公交车能够最大限度地发挥作用,在奥运观光线路的终点站——"北土城站"的换乘站场内建了充电站(图 3-13)。纯电动公交车都是从这个站发出来的。"换一次电池,能跑两圈半。"当时的 84 路公交线路(见图 3-14)运营单程大约是 30km,基本上每天每辆车往返运行 2~3 圈(往返 1 次为 1 圈),就回到充电站换一次电池。普通的燃油客车每天要往返运行 4~5 圈。不堵车的时候,纯电动公交车的平均速度一般为 45km/h,往返运行一圈在 1h 左右,和普通的燃油客车差不多,但要比普通燃油客车平稳得多;另外,驾驶起来也比较轻松。

图 3-13　充电站(北土城)

图 3-14　北京 84 路公交线路

上述纯电动公交车采用的是磷酸铁锂电池,公交车单车总质量为 14.5t,每台公交车上搭载 3 个大的、7 个小的电池组,采用 360Ah 更换型锂离子电池系统,最高续驶里程大于 190km,最高时速为 80km/h,采用快速电池更换系统,机械更换整车电池时间为 10min。这 50 辆纯电动公交车于 2008 年 7 月至 2009 年 4 月载客运行,电池总更换次数 10300 次,总里程 78 万 km,总耗电 110 万 kW·h。

2011 年 6 月 30 日,北京公交集团新开通 90 路电动公交车示范线,作为展示"绿色北京、科技北京"的建设成果,90 路也成为北京当时唯一的一条全部由纯电动车辆运营的公交线路。

90 路全部采用京华 BJ6122EV2 型纯电动公交车,采用锰酸锂离子动力电池组,其比能量和使用寿命是铅酸电池的 3 倍以上,安全性好,无污染。90 路的线路总长 30km,首末站均为地铁北土城站,双向环行,中途设 43 站。

相比普通燃油公交车,京华 BJ6122EV2 带给驾驶员的驾驶感受并没有很大的区别。这款纯电动车起步平稳,但在行驶中的加速性能比较弱,明显能感到动力上的不足,所以驾驶员即使想开快也提不起速度。对于这款车的高度会不会造成重心不稳,驾驶员解释说,首先这款车采用的是低底盘设计,另外在全车两侧的底部和后部有 10 台电池箱,这样就使得整车的重心很低;并且这辆车的设计最高车速只有 80km/h,平时在路上的速度就更低了,基本在 40km/h 左右,完全不会因为车身高度而影响行驶的稳定性。京华 BJ6122EV2 一次充电后理论上开空调的情况下可行驶 130km,但在实际运营中往返线路 2 圈,最多 60km 就要进行电池更换。由于受备用电池数量限制,较长的公交线路该车型一辆车每天仅往返 3 圈左右。从这方面看,纯电动公交车和普通燃油公交车还是存在一定的差距,通常普通燃油公交车一天要在较长的公交线路上往返 4~5 圈。

3.5.3 北京慢充和快充两种纯电动公交车推广普及阶段(2013—2016 年)

继电池更换纯电动公交车示范运行后,北京公交集团又进行了慢充(2~4h)纯电动车和快充(10~30min)钛酸铁锂、多元复合锂的纯电动公交车示范运行。同时,对充换电设施设备进行扩建,在四惠枢纽站建成充电和换电两种设施,如图 3-15 所示。

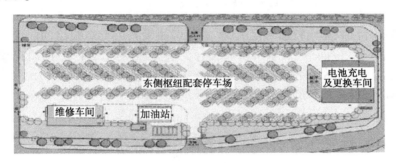

图 3-15 北京四惠枢纽充电和换电设施规划布局示意图

依据 2010 年北京市公交充电站规划,四惠公交充电站需满足 160 辆电动车的充电需求。根据北京公交集团使用要求,还需设置 6 个整车充电车位。

根据北京电力设计院的四惠充电站设计方案,四惠充电车间建筑面积 2595.24m^2,占地面积 2172.42m^2;整车充电棚建筑面积 221m^2,投影面积 442m^2。

四惠枢纽充电站位于北京市朝阳区东四环路与京通快速路相交的四惠立交桥的东南侧。四惠枢纽总用地面积 16.67 公顷(1 公顷 = 10000m^2),其中西侧枢纽规划用地 6.51 公顷,东侧枢纽配套驻车场用地 3.27 公顷。

4 北京市微循环纯电动公交车应用条件分析

为了落实《北京市2013—2017年清洁空气行动计划》，北京市交通委一直积极推广节能环保的公交车辆投入运营，完善社区与轨道交通、社区与商业区接驳公交线路等问题。

4.1 微循环线路需求特征分析

为解决社区乘客出行需求量大，尤其是解决没有公交车线路的居民小区乘客出行"最后一公里"问题，北京市政府结合公共交通路网循环条件，研究使用小型公交车在居民小区和商务区布设微循环公交线路，进一步完善四级公交线网，充分发挥纯电动公交车技术经济特点，使纯电动公交车成为公共交通客运主干线车辆的重要补充。

4.1.1 住宅小区公交出行影响因素分析

影响一个区域交通方式选择的因素很多，主要包括公交服务水平、社会经济水平及用地特征等。经济水平和小汽车保有量对小汽车出行有很大影响，而距离出行目的地的远近又会影响是否选择步行、自行车或公交出行。一般认为，公交出行方式选择的主要影响因素为小区公交服务水平（可用小区公交线网覆盖率表示）、小区社会经济水平（可用小区居民平均月收入或平均房价表示）和小区土地开发强度（可用小区各类用地容积率加权平均值表示）。

公交可达性是公交服务水平的一个主要体现，它主要由出行时间、准点性、方便性等决定。公交出行时间包括起讫地到公交站点的步行时间、等候时间、车上行驶时间、换乘时间。一个区域的用地特征对公交可达性、公交吸引力及公交出行比例有着重要的影响。如是否TOD组团式布局、是否混合用地、有无大容量快速公交、是否对土地进行高密度开发等。

如上所述，公交可达性的影响因子主要有该区域到城市主要区域的平均出行距离、居住密度、岗位密度、混合用地程度、邻里设计（或TOD设计）、公交运输能力

(车次、频率、线路数等)等。考虑到公交可达性计算所需资料较多,不易求得,也可用其影响因子直接作为选择公交出行方式的影响因子。简化起见,区域内的公交运力可用公交综合覆盖率(加权公交线路数除以区域面积)来反映。

一般可以根据调查资料进行主因素分析,删除一些非主要因素。如根据北京市交通调查结果,混合用地程度与区域公交选择相关性不大,可不予考虑。另外,从资料的收集及统计角度出发,有些元素可进行归并,如居住密度与岗位密度可归并为土地开发强度。有些因素的相关性较强,如小汽车保有量与社会经济水平,可保留与预测值相关性较大的变量。各小区社会经济水平可根据平均收入或住房均价用打分的方法求得。

对北京一些小区的抽样调查数据表明,居住区居民出行时关注起讫点是否临近地铁、周边公交线路数量和步行距离。本书经过综合考虑,并使用因子分析方法,得到住宅小区的公交出行比例与以下5个因素相关(此处将地铁与公交车分开考虑):

(1)小区到城市主要区域的平均出行距离(对于单中心城市,即小区到城市中心区的距离)。

(2)小区是否临近地铁(如果小区在地铁站点500m范围内,则选择地铁出行的意愿强烈)。

(3)小区的公交便利程度(住宅小区周边公交站点个数)。

(4)小区居民的平均月收入。

(5)小区的土地开发强度(小区的容积率)。

4.1.2 商业网点公交出行影响因素分析

针对商业网点这一特殊用地类型特点,并以提高商业网点公交比例为目的,结合调查数据的获取难易性及因子分析方法,本书经过综合考虑,得到商业网点的公交出行比例与以下5个因素相关:

(1)商业网点的停车位数。

(2)商业网点周边公交站点数(在一定程度上代表了商业网点公交便利程度)。

(3)商业网点是否临近地铁(在地铁站点500m范围内)。

(4)商业网点的建筑面积(商业网点的规模)。

(5)商业网点的区位因素(北京二环内、二三环间、三四环间、四五环间及五环外区域)。

(6)公交换乘和接驳情况。

4.1.3 微循环公交纯电动车辆选择条件分析

自2007年北京地铁和地面公交调价以来,地铁发展迅速,运营里程从2007年的142km增加到2014年的465km,客运量增长3.9倍。地面公交运营线路长度由1.74万km增加到1.97万km,客运量增长14.4%。交通部门相关负责人表示,北京地铁过多承担了短距离出行,造成了公共交通结构不合理;通过调价,部分客流可以被调整至地面,以缓解地铁客流压力。

地铁和公交按照梯度设定价格,会在一定程度上缓解地铁高峰期拥挤程度,也有利于公共交通运营部门提升服务质量,增强市场竞争力,使公共交通线路设置更合理。未来在地铁建设规划中,还应该多建立接驳点的公共停车场所和区域,让乘客享受到便捷高效的交通一体化服务。2015年以来,北京市居民出行结构有了明显改善,"生活型"出行和短距离出行使地面公交发挥了接续换乘的功能;北京市地面支路和微循环线路的服务水平也有了明显提高。

微循环公交,亦称袖珍公交线路,是指随着城市不断发展,越来越多的城市区域或社区由于道路狭窄,难以被公共交通完全有效覆盖,居民居住点或活动区域远离公交干线、支线,或地铁、轮渡等公共交通站点码头,由此产生的穿梭型小型公交车运营线路。它是公共交通"最后一至五公里"运营问题的解决方案之一,因此被定义为微循环公交,是城市公交系统的一种模式,是城市"快普支微"公交体系的一部分。同时,在部分旅游景区,也需要这种连接景点的,具有景点摆渡、观光功能的微循环公交。

微循环公交增强了乘客公交出行的便利性,提高了乘客出行与公交运营效率,是公共交通的又一有力补充。微循环公交是公交系统的一部分,与支线公交、主干公交及轨道交通系统形成有机的公共交通网络。

随着国家大力推进公交都市创建,微循环公交已成为城市公共交通系统的重要组成部分。

4.2 微循环电池更换纯电动公交车充换电系统

由于北京市空气污染和交通拥堵,大力推广电动公交车,减少碳排放量,实现绿色出行,减少雾霾天气,提高城市居民生活质量成为共识。影响充电站整体规模的主要依据为运营规划方案,而决定运营规划方案的因素则主要有适合车型和其服务对象的电能补给模式、车辆运营调度模式、电池特性等,这些因素互相制约、互为条件。

4.2.1 电池更换纯电动公交车充电系统的运营特点

纯电动公交车充电系统,主要由高压供电线路和供电设备、低压配电线路和配电设备、充电设备、谐波抑制与无功补偿装置以及其他辅助设备组成。充电设备是纯电动公交充电系统的核心设备。

纯电动公交车充换电过程主要包括4个工作部分:电池更换、充电、维护和电池编组。

充电站主要由行车道、充电区、配电装置、充电装置、监控装置及营业场所等组成。具有电池更换功能的充电站应包括备用电池更换、电池存储的设施及场所。充电站配电装置由高压开关柜、变压器、低压开关柜等组成。

充电站的基本功能包括充电、监控、计量,扩展功能包括电池更换、电池检测、电池维护。

目前国内电池更换纯电动公交车换电池过程为纯电动公交车进入充电站通过换电设备(即换电池设备)进行电池更换,换下来的电池进入充电状态。当纯电动公交车在运营状态下出现突发问题时,可以使用应急备用电池进行现场更换。

电池更换纯电动公交车是电动汽车的一种形式,电池更换纯电动公交车的构造和充电过程相关,其运营特点与以下性能和参数有关。

(1)车辆行驶性能。车辆行驶性能包括车辆编号及车辆行驶时间、行驶里程、最大行驶速度、平均行驶速度、总能耗、平均能耗和剩余电量等信息。

(2)电池组性能。电池组性能包括车辆运行中电池组编号、电池箱号、统计时段、工作时间、总能耗、平均能耗、放电电压峰值、放电电流峰值、最高单体电压位置、最低单体电压位置、电池故障信息等指标。

(3)运行道路和其他试验参数。电动公交车电池更换站的主要构成有换电设备、充电设备、电池组及电池管理系统、烟雾传感器、直流电源、电池存储架等。当车辆进入充电车间后,采用换电设备置换车载电池,被置换的电池以单箱电池为单元进行充电。

电动公交车运营特性分为三部分指标:一是线路运营指标,指车辆在线路上运行时车辆与线路的相关指标;二是车辆性能指标,指车辆在运行时车辆本身的性能指标;三是电池性能指标,指车辆运行时电池的放电状况。

4.2.2 电池更换系统设计

电池更换系统是电池充换站的核心组成部分,由电池箱、电池充电架、换电设备等组成。电池箱是指由若干单体电池、箱体、电池管理系统及相关安装结构件

(设备)等组成的成组电池,具备符合相关行业标准的电池箱结构、电池箱监控设备(具有电池电压、内阻、温度、充放电电量、电池箱身份识别、充放电过程管理等功能)、电池箱接插件、电池箱环控设备等。电池充电架由若干充电单元组成,每个充电单元由若干充电设备、电池组及电池管理系统、烟雾传感器、电池存储架等组成。换电设备指针对不同类型的电动汽车,适用于不同标准等级电池箱能力的电池更换设备及其配套附件。

1. 充换站监控系统

充换站监控系统的网络结构分为三层:第一层为充换站中央监控管理系统,包括数据服务器、网络服务器、监控主机等设备;第二层为配电监控、充电监控、烟雾监视和视频监视 4 个子监控系统;第三层为现场智能设备。各层次监控子系统通过局域网和网络通信协议与中央监控管理系统连接,实现对整个充换站的数据汇总、统计、故障显示及监控。

2. 计量计费系统设计

充换电站内由用电采集终端负责采集各个关口电表、直流电表、交流电表的电量信息,通过本地工业以太网与计费工作站通信,将整个充换电站的总电量、各充电设备的每次充电电量传送到后台进行处理,并把电量和计费信息存储到数据库服务器中;通过充换电站计量管理机完成与用电信息采集系统或上级监控中心的通信,确保上级系统能够实时获取充换电站内的电量信息。

3. 配电监控系统设计

部分 10kV 进线保护:光纤电流差动保护,三相一次重合闸,具备三段式过流保护功能;分段开关需配分段保护装置,具备三段式过流保护功能;10kV 电压并列装置,具备两段母线的电压并列功能;变压器配变压器保护装置,具备三段式过流保护、过负荷保护、低压侧零序电流保护、超温告警或跳闸、低压保护等保护功能;0.4kV 开关采用自带的过流保护功能,0.4kV 侧设分段备投装置。

此外,测控部分具备配电系统各间隔的电流电压等电气参数的遥测功能、开关位置的遥信功能以及重要开关(10kV 开关、0.4kV 进线开关和联络线开关)的遥控功能。

4. 安防监控系统设计

安防监控系统主要对全站主要电气设备、关键设备安装地点及周围环境进行全天候的图像监视,以满足电力系统安全生产所需的监视设备关键部位的要求。同时,该系统可满足充换电站安全警卫的要求。

充电过程若在室内进行,环境温度应在10℃以上。同时,在地面充电有利于电池安全和维护,并采取监控措施和报警措施。

主要监视范围为:充换电站区域内场景情况,充换电站内常规敞开式刀闸的状态,充换电站内变压器等重要运行设备的外观状态,充换电站内主要室内场景情况,并实现双向通话。主要监视对象为充换电站内主要室内(主控室、设备室等)温度、湿度和场地电缆沟的水浸情况,可实现充换电站防盗自动监控,可进行周界、室内、门禁的报警及安全布/撤防;实现站内消防系统报警联动,并对消防系统运行状态进行监视;实现对空调等设备的远方状态监视和控制。

4.3 微循环电池更换纯电动公交车可行性分析

北京市地面公共交通具有线路分布广、接续换乘客流服务密集的特点,从公交线路空间分布看,基本满足客流出行目的多样化的需求。城市居民公共交通出行可以分为以轨道交通为主的快速公共交通出行和以地面常规公交为主的"最后一公里"短距离交通出行。北京市微循环公交线路主要布设在大型社区、轨道站点衔接的周边区域,这些区域道路等级差异较大,多数道路为支路,全天客流波动较大,大型轨道接驳站客流量大,一般社区、办公区等地方居民出行距离短,高峰客流量较大,平峰客流量少,所以是否选择电池更换类纯电动公交车,应进行合理性分析论证。

电动公交车运营需求分析应充分考虑电动公交车布设选择和充电站与运营线路首末站布局的协调关系。在单条路线优化的基础上,考虑线网的整体优化,可选用的方法主要有以下三种:

(1)经验法。采用设定的布局方案,基于客流特征设计线路功能特征。

(2)逐条布线法。按路线最大直达客流量布线,对所有起讫点间可能的路线按最大直达客流量逐条布设。

(3)拟合客流法。在系统最优客流分配的基础上,用"取大法"或"舍小法"截取网络,得到初始网络。

如何适应北京市的公交线路条件,尤其是结合现有地面常规公交线路选择精确的常规公交车与电动公交车的配车数比例、发车间隔、纯电动公交车适合的高峰断面客流、线路长度、备用电池比例,尚未有研究结论。纯电动公交车行驶线路、计算运营用电需求以及合理安排充电方案都是公交运营理论和实践的关键问题。

4.3.1 纯电动公交车运营相关指标

1. 续驶里程

续驶里程是纯电动汽车电池组充满电后可持续行驶的里程,可以分为等速续驶里程和循环工况续驶里程。此项指标对于综合评价电动汽车电池组、电机及传动效率、电动汽车实用性非常重要。但是此指标与电动汽车电池组装车容量及电压水平有关,在不同车型和装备不同容量电池组的同种车型间不具有可比性。即使装配相同容量同种电池的同一车型,续驶里程也受到电池组状态、天气、环境因素等使用条件影响而有一定的波动。续驶里程的影响因素主要有整车参数(如行驶速度、电动汽车质量等)、电池均匀性、环境因素(如环境温度等)等。

2. 电池额定容量

电池额定容量是国家标准规定的电池容量,用安时(Ah)来表示。电池额定容量越大,存储的电量就越多。

3. 电池的实际容量

电池的实际容量反映电池实际存储电量的大小,用安时(Ah)表示。电池的实际容量越大,电动车的续驶里程就越长。在使用过程中,电池的实际容量会逐步衰减。国家标准规定新出厂的电池实际容量应大于额定容量。

4. 放电循环寿命

放电循环寿命指的是电池进行充电、放电直到电池容量减少至额定容量70%时的循环次数,充足电后再放电到一定的深度为一次循环。电池循环次数越多,则寿命越长。

5. 纯电动公交车发车调度计划

纯电动公交车发车调度计划影响整个充电站的运作,在规划时要考虑如下因素:在高峰期到来时所有车辆的电池均需更换完毕,避免高峰期换电池;尽量提高电池电量的利用率,在保证不对电池进行破坏性放电的前提下增加车辆一次出车的运行里程;规划收车换电池时间时要考虑电池的充电时间,是否有充满电的电池可以使用。

6. 纯电动公交车发车间隔计算假设

发车间隔计算主要依据客流信息,即各个车站各个时段上下车的人数。一般来说,公交调度是将全天的运营时间分为若干个时段,同一时段内的发车间隔相等。发车的间隔为时段的长度与时段内的发车次数的比值。现有的计算模型中,考虑的因素比较简单,主要有线路的最大断面客流量和车辆的容量。从理论上讲,当公交车以某一发车间隔发车时,公交服务满足公交线路的客流需求的概率可以达到预期水平。为了分析现有的地面公交线路中哪些线路适合开行纯电动公交车,根据线路运营技术指标,做如下假设:

(1) 线路上的公交车为同一种型号,公交车会按调度表准时出站和进站。

(2) 根据全线客流划分时段,同一时段内发车间隔相等,单位时间内的期望到达人数不变。

(3) 乘客均是独立的个体,其到达与其他乘客没有相关性。

公交线路的客流信息为制订公交调度计划提供了基础,可运用优化求解方式确定适合纯电动公交车开行的技术条件和纯电动公交车运营模式下的发车间隔。

4.3.2　电池更换纯电动公交车运营的技术条件

从长期的纯电动公交车运营经验来看,纯电动公交车充满一次电平均行驶里程为 70~80km,而燃油公交车的日均行驶里程为 130km,为此,公交系统为了满足同等运力必须采购 2 倍的纯电动公交车。北京市公交车路线的选择要参考线路的日均行驶里程,确定满足同等运力的配车最小系数和最大系数。充电设备投入数量与车辆数的比例关系,快换模式为 0.6~0.7,整车充电模式为 0.9~1。整车充电设备的数量和投资较大,且充电站的占地面积至少比快换模式大 1 倍。

电池更换纯电动公交系统不同于普通的公交系统,其能量来源不同导致其公交调度、能量补给方式、运行模式均有自己的特点,因此应根据其特点形成一套纯电动公交系统运营模式。

在公交调度方面,车辆运行的线路长度及一次出车运行次数要配合电池组可支撑的行驶里程以及充电时间和快换机构参数,因此整个车辆调度系统要在满足运能的前提下以充电站整体配置为中心。而充电站的规模及配置又受线路运能要求的制约,所以有必要对线路运能与充电站规模、配置的关系进行讨论。

基于运营线路特点下的配电容量分析,结合所服务的公交系统提供的相应的公交线路、车辆特点等基本设计参数,并针对纯电动公交车的电池快速更换充电站情况,可以计算配电容量。快充和慢充等不同种类的基本设计参数不同,其相应的运营方案设计算法也有所不同。

4.3.3　电池更换电动公交车充电站布设可行性

对于充电站运营规划来讲,车辆充电频率成为影响整个规划的核心,因此有必要建立一个能够根据输入量得出相应输出量的充电频率数学模型。

对于公交系统来说,由于车辆运行需遵循调度计划,因此车辆何时进行充电也需依照一定规则,并对时间有较严格的规定。通过调研与对充电站数据的分析,发现充电频率与所在时间段有很大关系。经过实际运营线路测算分析,确定以公交线路运营调度为侧重点进行充电站运营规划和优化计算。此种方式适合公交线路及规模已确定,设计可以满足公交要求的配套充电站运营规划及优化设计。

一般情况下高峰时段分别为早、晚高峰,由于早班车发车时间与早高峰间隔较短,所以早班车发车时间与早高峰之间不换电池。换电池时间主要集中在早高峰与晚高峰之间。公交车辆分为两批——车队一和车队二,两批车辆数相同,平峰期交替发车,高峰期全部发出。早班车发车队一,到早高峰来临时开始发车队二,早高峰结束时车队一开始收车换电池,此为全天第一次集中换电池。早班车时间与早高峰时间之差要保证小于或等于续驶里程可支持时间,基于此要求,早班车时间可适当调整。由于车辆调度采取的方式为发车间隔不变,一次发两车,故车队一与车队二无论是在平峰期交替发车,还是在高峰期同时发车,都互不影响。因此常规收发车时间 T_n 采用如下算法:

$$T_n = T_0 + nL_t \tag{4-1}$$

其中,T_0 为早高峰开始时间;L_t 为车辆在常规收发车阶段一次出车时间,其取值范围为 $\psi T_{rr} \sim T_{rr}$;T_{rr} 为续驶里程可支持运行时间;ψ 为一次出车时间调整系数。由于需要配合高峰期及车辆调度的需要,车辆一次出车有不能跑满续驶里程可支持运行时间的情况,因此需要用 ψ 对 L_t 进行合理调整。制约 ψ 的因素主要是全天集中换电池次数 h、T_{ca} 及 T_{rr}:

$$\psi = \frac{\rho T_{ca} + (1-\rho) T_{rr}}{T_{rr}} \tag{4-2}$$

其中,ρ 为时间权重,一次出车时间最短为一次集中换电池所需总时间 T_{ca},最长为续驶里程可支持运行时间 T_{rr},因此根据全天高峰期次数 N_{rh}、全天集中换电池次数 h 以及发车时间特点给出权重 ρ,ρ 的一般取值为 N_{rh}/h。

综上,考虑车辆续驶里程利用率以及前后两次集中换电池时间的影响,需对 L_t 在 $\psi T_{rr} \sim T_{rr}$ 范围内进行多次调整,以得到最适合值。同理可得出晚高峰的相关时间算法。

以上 L_t 的确定并没有考虑所计算出的收车换电池时间到来时电池架上的备用电池是否已充满电可用,是否有足够的已充满电的备用电池用来更换。对于这两种情况,考虑到电池的充电特性,在电池没有进行深度放电的前提下,充电80%

时即可使用,且若电池在前一次充电使用后剩余电量较多,则其充电时间会缩短。对于电池充满电的时刻这一约束条件,由于不是严格的约束,很难用具体公式量化。因此,将此约束条件作为发车规划目标约束量,即在对 L_t 进行调整时,此值的选定满足规定发车时间要求有对等数量的电池充满电用于车辆电池更换,此时在给定范围内选定的 L_t 值方为适合值。

4.3.4 充电站分级用地指标

目前充电站按照日充电能力和建筑面积等的要求分为四级,见表4-1。

电动公交车充电站级别　　　　　　　　表4-1

充电站级别	一级	二级	三级	四级
日充电能力(辆)	>200	100~200	40~100	≤40
建筑占地面积(m^2)	3400	2500	1500	900
建筑面积(m^2)	3700	2600	1500	900
建筑高度(m)	12	12	12	12

纯电动公交车充电站规模的确定与充电站模式有关,整车充电和蓄电池更换的用地规模不同。确定标准充电站的建设规模也可参照城市加油站的建设规模。城市城区的加油站分三类:第一类占地面积为2500m^2,加油枪数为16;第二类占地面积为1000m^2,加油枪数为12;第三类占地面积为1500m^2,加油枪数为8。公共快速充电站要以"快换为主、快充为辅"为原则进行建设,因此,将标准公共快速充电站的充电设备数定为12,其中2个快速充电设备,10个快速电池更换设备。因快充作业台只限应急使用,所以它的服务能力不计入充电站的设计服务能力。

1. 大型充电站设计要求

大型充电站为一级充电站,是动力蓄电池(以下简称电池)存储能量不小于6800kW·h 或单路配电容量不小于5000kV·A 的充电站。该站一般可以日提供200台次以上大中型商用车的电池更换或充电服务,或可以提供500台次以上乘用车的电池更换或充电服务。

大型充电站一般占地面积1700~2000m^2,包括一幢综合办公室和其他相关辅助设施。充电站的布置方法不同,占地面积稍有不同。大型充电站配备8个充电设备(2个 DC500V/400A 大型充电设备,4个 DC500V/200A 中型充电设备,2个 DC350V/100A 小型充电设备)和4个交流充电设备,并且预留换电池的设备安置和运行空间。大型充电站配电系统采用10kV双路常供,配备计量计费系统和完善的充电站监控系统,设置配电监控、充电设备监控和安防监控系统,实现大型充电站的无人或少人值守运行。

2. 中型充电站设计要求

中型充电站为二级充电站,是电池存储能量大于或等于3400kW·h、小于6800kW·h,或单路配电容量大于或等于3000kV·A、小于5000kV·A的充电站。该站一般可以日提供100~200台次大中型商用车电池更换或充电服务,或可以提供200~500台次乘用车的电池更换或充电服务。

中型充电站占地面积约1000m^2,包括一幢综合办公室和其他相关辅助设施。一般配备4个充电设备(2个DC500V/200A中型充电设备,2个DC350V/100A小型充电设备)和4个交流充电设备,配电系统采用10kV单路常供,配备计量计费系统和完善的充电站监控系统,设置配电监控、充电机监控和安防监控系统,实现中型充电站的无人或少人值守运行。

3. 小型充电站设计要求

小型充电站包括两种:三级充电站和四级充电站。

三级充电站:电池存储能量大于或等于1700kW·h、小于3400kW·h,或单路配电容量大于或等于1000kV·A、小于3000kV·A的充电站。该站一般可以日提供40~100台次大中型商用车的电池更换或充电服务,或可以提供100~200台次乘用车的电池更换或充电服务。

四级充电站:电池存储能量小于1700kW·h或单路配电容量小于1000kV·A的充电站。该站一般可以日提供40台次以下大中型商用车的电池更换或充电服务,或可以提供100台次以下乘用车的电池更换或充电服务。

小型充电站占地面积50~100m^2,设置1~2个小型充电设备(DC350V/100A)和2~3个交流充电设备,并根据因地制宜原则进行场地布置,采用0.4kV供电,配备计量计费系统,可根据需要选配充电站监控系统和安防监控系统,就近布置于附近建筑中。

充电设备的不同、充电电池配备数量的多少等因素都会对充电站的占地面积及建筑规模产生影响。另外,在规划上还要充分考虑北京市用地紧张的现状,尽可能减少地面层占地面积,通过采用新技术向地上二、三层甚至地下发展。

在确定充电站建筑占地面积和建筑规模规划控制指标时,要考虑10%的不可预见性因素;在建筑高度控制上宜放宽到12m,从规划上留有一定的余地。

例如,北京小营公交场站用地情况见表4-2。

北京市微循环纯电动公交车应用条件分析 4

小营公交场站用地情况 表 4-2

名　称		单　位	占地面积
总用地面积		m²	21202
总建筑面积		m²	4555.1
其中	电池更换车间	m²	2813.94
	充电大棚	m²	174
	附属用房	m²	1252.16
	乘客候车棚	m²	75
	自行车停车棚	m²	198
	调度室	m²	42
绿地率		%	18.12
建筑面积		%	18.16
容积率		—	0.21
建筑高度		m	6.80/9
建筑层数		层	2
驻车位		个	120

经测算,小营公交场站车道和车位用地面积均为 81.6m²,最大车用地面积为 89m²,充电站和变电所用地面积为 7227.4m²,占整个公交场站用地面积的 34.1%,其中充电站占整个场站面积的 14.8%。

4.4 电池更换纯电动公交车线路技术参数标定

结合北京市公交运营线路类型和充电站空间规划布设区位,随机抽取典型公交线路进行基本参数模拟测算,主要线路要素见表 4-3。本小节中电动车均指电池更换纯电池公交车。

各线路基本参数 表 4-3

单程距离(km)	高峰断面流量(人次/h)	道路工况速度(km/h)	高峰小时车次(辆/h)
7~22	300~1250	12~23	6~17

设定 4 种主要线路特征:

(1)短距离,断面客流量大。

（2）长距离，断面客流量大。
（3）短距离，断面客流量小。
（4）长距离，断面客流量小。

4.4.1 电池更换纯电动公交车充电站参数

（1）根据北京市现有的城市道路工况下的公交实际速度和电动车续驶里程利用率测算充电站的主要参数，见表4-4。

根据现有城市工况条件计算充电站的参数　　　　　　　表4-4

单程距离（km）	道路工况速度（km/h）	续驶里程利用率	备用电池数（个）	充电站服务能力（辆/天）	配电容量（kW）
7	12	0.88	25	115	10.59
8.2	17	0.82	45	115	10.59
8.4	16	0.84	28	115	10.59
8.6	16	0.85	55	115	10.59
9	23	0.9	47	230	21.18
11	20	0.83	42	115	10.59
11.4	18	0.86	81	230	21.18
11.8	14	0.88	52	115	10.59
12	14	0.89	51	115	10.59
12.3	18	0.92	91	230	21.18
13	19	0.96	66	230	21.18
14.5	19	0.73	52	230	21.18
15.5	23	0.78	53	230	21.18
16	17	0.8	65	230	21.18
16.4	19	0.82	55	230	21.18
17	27	0.85	65	230	21.18
17.2	20	0.86	86	230	21.18
18	19	0.9	49	115	10.59
18.4	24	0.92	52	230	21.18
20.5	19	0.51	156	576	52.94
20.5	21	0.51	204	806	74.12
22	16	0.56	242	691	63.50
22.4	18	0.56	100	346	31.76

（2）根据纯电动公交车设计速度测算充电站的主要参数，见表4-5。

根据设计速度计算充电站的参数 表4-5

单程距离（km）	设计速度（km/h）	剩余电量比例	备用电池数（个）	充电站服务能力（辆/天）	配电容量（kW）
7	20	0.3	19	115.2	10.59
8.2	20	0.34	40	115.2	10.59
8.4	20	0.33	23	115.2	10.59
8.6	20	0.32	49	230.4	21.18
9	20	0.28	44	115.2	10.59
11	20	0.34	40	115.2	10.59
11.4	20	0.32	71	230.4	21.18
11.8	20	0.3	41	115.2	10.59
12	20	0.28	41	115.2	10.59
12.3	20	0.26	81	230.4	21.18
13	20	0.23	61	230.4	21.18
14.5	20	0.42	50	230.4	21.18
15.5	20	0.38	48	230.4	21.18
16	20	0.36	57	230.4	21.18
16.4	20	0.35	50	230.4	21.18
17	20	0.32	65	230.4	21.18
17.2	20	0.31	81	230.4	21.18
18	20	0.28	44	115.2	10.59
18.4	20	0.26	53	230.4	21.18
20.5	20	0.18	86	230.4	21.18
20.5	20	0.18	110	230.4	21.18
22	20	0.56	218	806.4	74.12
22.4	20	0.55	93	345.6	31.76

（3）根据断面客流量及客座利用率计算充电站的参数，见表4-6。

根据断面客流量及客座利用率计算充电站的参数   表4-6

单程距离(km)	高峰断面客流量(人次/h)	配车数(个) 客座利用率50%	配车数(个) 客座利用率60%	配车数(个) 客座利用率65%	充电站服务能力(辆/天) 客座利用率50%	充电站服务能力(辆/天) 客座利用率60%	充电站服务能力(辆/天) 客座利用率65%
7	325	22	20	18	115	115	115
8.2	560	32	26	24	115	115	115
8.4	415	26	22	20	115	115	115
8.6	559	36	30	28	115	115	115
9	410	20	16	16	115	115	115
11	610	40	32	30	230	230	230
11.4	520	38	32	30	230	115	115
11.8	232	36	20	18	115	115	115
12	399	40	34	30	115	115	115
12.3	1040	82	68	64	346	230	230
13	540	42	36	32	230	115	115
14.5	330	30	24	24	230	115	115
15.5	265	22	18	16	230	115	115
16	354	38	32	30	230	115	115
16.4	610	60	50	48	346	230	230
17	830	60	50	46	461	346	346
17.2	805	80	66	62	346	346	346
18	355	40	34	30	230	230	115
18.4	380	34	28	26	230	230	230
20.5	465	58	48	46	576	461	461
20.5	360	42	34	32	461	346	346
22	1220	194	162	150	1152	922	922

4.4.2 电池更换纯电动公交车运营和充电站匹配条件分析

结合北京市公交线路运营类型和充电站布设位置,抽取典型线路进行基本参数模拟测算。

(1)根据设计速度计算充电站的参数。基于设计速度、续驶里程利用率μ的充电站参数测算,见表4-7。

根据设计速度计算充电站的参数

表 4-7

单程距离（km）	常规公交配车数（辆）	电动车配车比例(100%) 客座利用率 50%	电动车配车比例(100%) 客座利用率 60%	电动车配车比例(100%) 客座利用率 65%	备用电池比例	高峰断面客流量（人次/h）	电动车极限发车间隔（min）
7	7	2	1.71	1.43	1.7	325	7.78
8.2	20	1.87	1.47	1.47	1.77	560	4.24
8.4	15	1.33	1.2	1.07	1.75	415	7.78
8.6	30	1.56	1.33	1.22	1.72	559	3.59
9	10	1.69	1.38	1.38	1.67	410	3.89
11	24	1.67	1.33	1.25	1.76	610	5.83
11.4	16	2.13	1.88	1.75	1.72	520	3.11
11.8	29	0.73	0.64	0.55	1.69	232	5.83
12	34	1.04	0.89	0.81	1.68	399	5.83
12.3	30	2.47	2.07	1.93	1.65	1040	2.92
13	21	1.38	1.17	1.1	1.62	540	3.89
14.5	17	1.65	1.41	1.29	1.92	330	6.67
15.5	13	1.85	1.54	1.54	1.83	265	6.67
16	33	1.17	0.97	0.9	1.8	354	5.83
16.4	19	3.05	2.53	2.32	1.77	610	6.67
17	18	5.47	4.53	4.13	1.73	830	5.19
17.2	15	1.6	1.32	1.24	1.72	805	4.24
18	18	2.11	1.78	1.67	1.67	355	7.78
18.4	30	1.9	1.62	1.52	1.65	380	6.67
20.5	16	3.5	2.88	2.63	1.56	465	4.24
20.5	27	1.19	0.97	0.92	1.56	360	3.33
22	47	3.32	2.77	2.55	2.43	1220	2.75
22.4	11	4.36	3.64	3.45	2.42	375	6.67

（2）根据断面客流量、城市道路工况、续驶里程利用率 μ 计算充电站参数，见表4-8。

根据道路工况、断面流量和续驶里程利用率计算充电站参数　　　表4-8

单程距离（km）	常规公交配车数（辆）	电动车配车比例（100%）			备用电池比例	高峰断面流量（人次/h）	电动车极限发车间隔（min）
		客座利用率50%	客座利用率60%	客座利用率65%			
7	7	3.14	2.86	2.57	1.7	325	7.78
8.2	20	2.13	1.73	1.6	1.77	560	4.24
8.4	15	1.73	1.47	1.33	1.75	415	7.78
8.6	30	2	1.67	1.56	1.72	559	3.59
9	10	1.54	1.38	1.38	1.67	410	3.89
11	24	1.67	1.33	1.25	1.76	610	5.83
11.4	16	2.38	2	1.88	1.72	520	3.11
11.8	29	1.09	0.91	0.82	1.69	232	5.83
12	34	1.48	1.26	1.11	1.68	399	5.83
12.3	30	2.73	2.27	2.13	1.65	1040	2.92
13	21	1.45	1.24	1.1	1.62	540	3.89
14.5	17	1.76	1.41	1.41	1.92	330	6.67
15.5	13	1.69	1.38	1.23	1.83	265	6.67
16	33	1.31	1.1	1.03	1.8	354	5.83
16.4	19	3.16	2.53	2.32	1.77	610	6.67
17	18	4	4.53	4.13	1.73	830	5.19
17.2	15	1.6	1.32	1.24	1.72	805	4.24
18	18	2.22	1.89	1.67	1.67	355	7.78
18.4	30	1.62	1.33	1.24	1.65	380	6.67
20.5	16	3.63	3	2.88	1.56	465	4.24
20.5	27	1.14	0.97	0.92	1.56	360	3.33
22	47	4.13	3.45	3.19	2.43	1220	2.75
22.4	11	4.91	3.64	3.45	2.42	375	6.67

(1) 根据极限发车间隔与备用电池的关系,确定备用电池合理的比例关系。

(2) 公交车单程距离、单程时间与纯电动公交车配车数比例及备用电池比例的关系（μ 按剩余电量计算）如图4-1、图4-2所示。

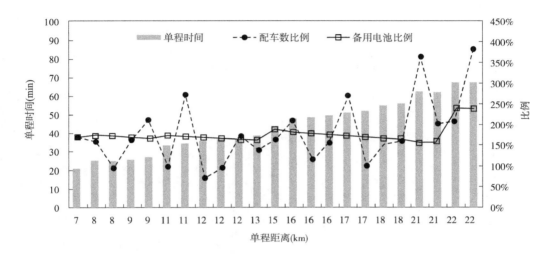

图4-1 理论速度下单程时间与纯电动公交车配车数比例及备用电池比例的关系

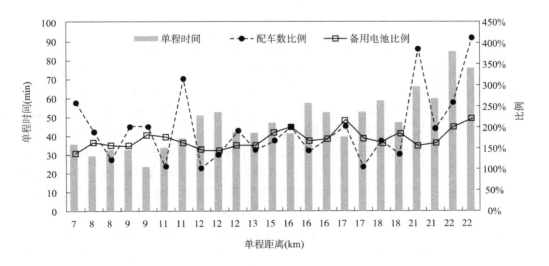

图4-2 实际速度下单程时间与纯电动公交车配车数比例及备用电池比例的关系

4.4.3　电池更换纯电动公交车运营情境分析

情景1：电动车续驶里程80km下的备用电池数和车辆数

纯电动公交车设计续驶里程为80km，备用电池比例和配车数比例关系如图4-3所示。

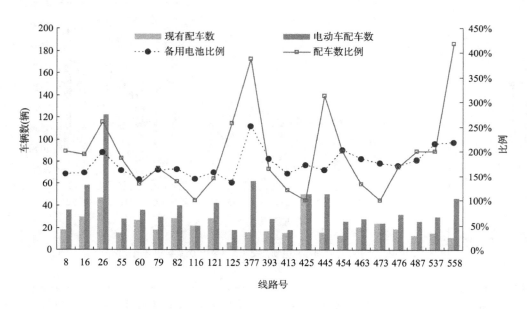

图4-3　续驶里程80km下的备用电池比例和配车数比例

从续驶里程80km下的公交线路测算结果可见，中心区向外围辐射线路中，高峰期通勤客流量大，线路接近和超过20km时不宜开行纯电动公交车，其配车数量大于常规公交车数量的2~4倍，对高峰期道路和调度影响较大。对于线路较短，高峰断面客流量不到运力55%的中心区线路、郊区高峰断面客流量为运力55%~75%的线路、车速接近和超过电动公交车高峰期平均速度20km/h时，适宜开行纯电动公交车。此外，中心区高峰断面客流量较大，线路短，速度接近和超过20km/h的线路，可以开行纯电动公交车，能提高续驶里程和剩余电量利用率。其纯电动公交车与常规公交车配车数比例为1.1~1.8，备用电池比例为1.4~1.9。对于地铁接驳线路、连接大型枢纽的郊区线路和中心区短距离放射性通勤线路，可以适当开行纯电动公交车，但是配车数比例接近2，略高于备用电池比例1.5~1.8。

情景 2：电动车续驶里程 100km 下的备用电池数和车辆数

当续驶里程提高到 100km 时，配车数比例明显下降，备用电池数量也会减少，见表 4-9。

续驶里程 100km 下的备用电池数和车辆数（速度 $v=20$km/h） 表 4-9

线路里程 （km）	常规公交 车配车数 （辆）	配车数				备用电池数			
		断面 客流量 （人次/h）	客座率 50%	客座率 60%	客座率 65%	断面 客流量 （人次/h）	客座率 50%	客座率 60%	客座率 65%
7	7	12	14	12	10	17	20	17	15
8.2	15	24	28	22	22	35	41	32	32
8.35	15	14	20	18	16	22	31	28	25
8.54	18	30	28	24	22	46	43	37	34
9	15	28	22	18	18	46	43	37	34
11	24	24	40	32	30	36	60	48	45
11.4	16	44	34	30	28	66	51	45	42
11.74	22	16	16	14	12	24	24	21	18
11.93	27	26	28	24	22	38	41	35	32
12.3	30	52	74	62	58	75	107	90	84
12.8	29	40	40	34	32	65	65	55	52
14.5	17	28	28	24	22	43	43	36	33
15.5	13	28	24	20	20	41	36	30	30
15.95	29	34	34	28	26	50	50	41	38
16.35	19	30	58	48	44	44	84	70	64
16.95	11	40	82	68	62	75	107	90	84
17.15	50	50	80	66	62	86	138	114	107
18.08	18	28	38	32	30	47	63	53	50
18.4	21	34	40	34	32	56	66	56	53
20.5	16	58	56	46	42	90	87	72	66
20.5	13	74	44	36	34	115	69	56	53
22.24	47	98	156	130	120	148	236	196	181
22.35	18	42	48	40	38	148	236	196	181

可见,续驶里程的提高明显改善和降低了电动公交车配车数比例和备用电池比例纯电动公交车与常规公交车配车数比例为1.1~1.7,备用电池比例为1.4~1.7。

情景3：电动车续驶里程130km下的备用电池数和车辆数

电动车续驶里程130km下的备用电池数和车辆数见表4-10。

续驶里程130km下的备用电池数和车辆数（速度$v=25$km/h）　　表4-10

线路里程（km）	常规公交配车数（个）	配车数				备用电池数			
		断面流量（人次/h）	客座率50%	客座率60%	客座率65%	断面流量（人次/h）	客座率50%	客座率60%	客座率65%
7	7	10	12	10	8	14	17	14	11
8.2	15	20	22	18	18	30	33	27	27
8.35	15	12	16	14	14	18	24	21	21
8.54	18	24	22	20	18	35	32	29	26
9	15	24	18	16	14	34	26	23	20
11	24	20	32	26	24	30	48	39	36
11.4	16	36	28	24	22	54	42	36	33
11.74	22	14	14	12	10	21	21	18	15
11.93	27	20	22	20	18	29	32	29	26
12.3	30	42	60	50	46	61	87	73	67
12.8	29	32	32	28	26	45	45	40	37
14.5	17	22	22	20	18	33	33	30	27
15.5	13	24	20	16	16	35	29	23	23
15.95	29	28	26	22	20	40	37	31	29
16.35	19	24	46	38	36	38	74	61	58
16.95	11	32	66	54	50	50	104	85	79
17.15	50	40	64	54	50	62	100	84	78
18.08	18	24	30	26	24	36	46	40	36
18.4	21	28	32	28	26	42	48	42	39
20.5	16	48	44	38	34	70	64	55	49

续上表

线路里程 (km)	常规公交配车数 (个)	配车数				备用电池数			
		断面流量 (人次/h)	客座率 50%	客座率 60%	客座率 65%	断面流量 (人次/h)	客座率 50%	客座率 60%	客座率 65%
20.5	13	60	34	30	26	87	49	44	38
22.24	47	78	126	104	96	131	212	175	161
22.35	18	34	40	32	30	57	67	54	50

情景组合：出行目的与高峰断面客流量下的电动车配车数。

根据线路空间分布特点和高峰断面客流构成，形成可选择的电动车线路及配车数适宜范围，测算公交线路长度和高峰断面客流量，如图4-4所示。

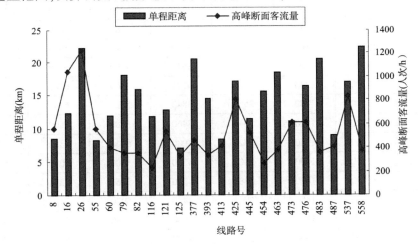

图4-4 情景组合测算线路的里程和高峰断面流量

结合公交充电站的分布、公交线路空间分布，可见26路单程距离过长，高峰断面客流量较大，不宜替换为纯电动公交车开行；377路、483路、558路测算线路均因线路往返里程长度接近电动车续驶里程的一半，加之道路工况影响车速，导致纯电动车配车数大量增加，备用电池数增加，充电频次增加而不宜开行纯电动公交车。在提高纯电动公交车续驶里程和调整线路部分路段，提高运行速度的情况下可以开行纯电动公交车。

4.4.4 电池更换纯电动公交车运用车辆与电池配置关系

根据北京市现有的城市道路工况下的公交实际速度、纯电动车续驶里程，纯电动公交车停车场面积、置换配车数比例等参数测算可参考表 4-11 ~ 表 4-20。

更换成纯电动公交车后部分停车场面积与原停车场面积比例查询表　表 4-11

停车场面积比例	普通公交车停车数						
	<10	10	20	30	40	50	60
	纯电动公交车停车场面积（m²）						
1	<800	800	1600	2400	3200	4000	4800
1.05	<840	840	1680	2520	3360	4200	5040
1.1	<880	880	1760	2640	3520	4400	5280
1.15	<920	920	1840	2760	3680	4600	5520
1.2	<960	960	1920	2880	3840	4800	5760
1.25	<1000	1000	2000	3000	4000	5000	6000
1.3	<1040	1040	2080	3120	4160	5200	6240
1.35	<1080	1080	2160	3240	4320	5400	6480
1.4	<1120	1120	2240	3360	4480	5600	6720
1.45	<1160	1160	2320	3480	4640	5800	6960
1.5	<1200	1200	2400	3600	4800	6000	7200
1.55	<1240	1240	2480	3720	4960	6200	7440
1.6	<1280	1280	2560	3840	5120	6400	7680
1.65	<1320	1320	2640	3960	5280	6600	7920
1.7	<1360	1360	2720	4080	5440	6800	8160
1.75	<1400	1400	2800	4200	5600	7000	8400
1.8	<1440	1440	2880	4320	5760	7200	8640
1.85	<1480	1480	2960	4440	5920	7400	8880
1.9	<1520	1520	3040	4560	6080	7600	9120
2	<1600	1600	3200	4800	6400	8000	9600
2.25	<1800	1800	3600	5400	7200	9000	10800
2.5	<2000	2000	4000	6000	8000	10000	12000
2.75	<2200	2200	4400	6600	8800	11000	13200
3	<2400	2400	4800	7200	9600	12000	14400
3.25	<2600	2600	5200	7800	10400	13000	15600
3.5	<2800	2800	5600	8400	11200	14000	16800
3.75	<3000	3000	6000	9000	12000	15000	18000
4	<3200	3200	6400	9600	12800	16000	19200

注：由于高峰小时配车数不同，此表按照极限发车间隔 3.0min 计算，折算的总配车数为高峰车数的 1.94 倍。

电动车置换配车数比例查询表(运营速度10km/h,满载率50%) 表4-12

线路长度(km)	高峰断面客流量(人次/h)							
	<200	200	300	400	500	600	700	…
	电动车置换配车数比例							
<5	1.2	1.00	1.08	1.54	2.00	2.15	2.46	2.92
5	1.20	1.55	1.36	1.27	1.58	1.72	1.99	2.01
6	1.35	1.74	1.58	1.53	1.91	2.02	2.37	2.41
7	1.54	1.58	1.81	1.78	2.16	2.32	2.75	2.81
8	1.85	1.72	2.04	2.04	2.49	2.69	3.21	3.21
9	2.00	2.01	2.26	2.29	2.83	2.99	3.59	3.55
10	2.15	2.15	2.60	2.55	3.07	3.37	3.98	3.95
11	2.46	2.44	2.83	2.80	3.41	3.67	4.36	4.35
13	2.92	2.87	3.28	3.31	3.99	4.34	5.12	5.15
15	3.23	3.30	3.85	3.82	4.65	5.01	5.96	5.96
17	3.69	3.59	4.30	4.24	5.23	5.61	6.73	6.69
19	4.15	4.02	4.75	4.75	5.82	6.29	7.49	7.49
21	4.62	4.45	5.32	5.26	6.48	6.96	8.26	8.30
23	5.08	4.88	5.77	5.77	7.06	7.63	9.10	9.10
25	5.38	5.31	6.34	6.28	7.64	8.31	9.86	7.69

电动车置换配车数比例查询表(运营速度10km/h,满载率65%) 表4-13

线路长度(km)	高峰断面客流量(人次/h)							
	<200	200	300	400	500	600	700	…
	电动车置换配车数比例							
<5	1	1.00	1.38	1.85	2.31	2.77	3.23	3.69
5	1.00	1.16	1.02	1.02	1.25	1.27	1.53	1.54
6	1.10	1.35	1.24	1.19	1.41	1.57	1.84	1.87
7	1.23	1.15	1.36	1.36	1.66	1.80	2.14	2.14
8	1.38	1.43	1.58	1.61	1.91	2.10	2.45	2.48
9	1.54	1.58	1.81	1.78	2.16	2.32	2.75	2.74
10	1.69	1.72	1.92	1.95	2.41	2.54	3.06	3.08

续上表

线路长度 (km)	高峰断面客流量(人次/h)							
	<200	200	300	400	500	600	700	…
	电动车置换配车数比例							
11	1.85	1.87	2.15	2.12	2.66	2.84	3.36	3.35
13	2.15	2.15	2.60	2.55	3.07	3.37	3.98	3.95
15	2.62	2.44	2.94	2.89	3.57	3.82	4.59	4.55
17	2.92	2.87	3.28	3.31	4.07	4.34	5.20	5.15
19	3.23	3.16	3.73	3.65	4.49	4.86	5.81	5.75
21	3.54	3.44	4.07	4.07	4.99	5.39	6.42	6.36
23	3.85	3.73	4.41	4.41	5.40	5.84	6.96	6.96
25	4.15	4.16	4.87	4.84	5.90	6.36	7.57	7.63

备用电池比例查询表(运营速度10km/h,满载率50%) 表4-14

线路长度 (km)	高峰断面客流量(人次/h)							
	<200	200	300	400	500	600	700	…
	电动车备用电池比例							
<5	1.21	1.21	1.21	1.21	1.21	1.21	1.21	1.21
5	1.21	1.21	1.21	1.21	1.21	1.21	1.21	1.21
6	1.24	1.24	1.24	1.24	1.24	1.24	1.24	1.24
7	1.25	1.25	1.25	1.25	1.25	1.25	1.25	1.25
8	1.21	1.21	1.21	1.21	1.21	1.21	1.21	1.21
9	1.24	1.24	1.24	1.24	1.24	1.24	1.24	1.24
10	1.21	1.21	1.21	1.21	1.21	1.21	1.21	1.21
11	1.27	1.27	1.27	1.27	1.27	1.27	1.27	1.27
13	1.22	1.22	1.22	1.22	1.22	1.22	1.22	1.22
15	1.30	1.30	1.30	1.30	1.30	1.30	1.30	1.30
17	1.26	1.26	1.26	1.26	1.26	1.26	1.26	1.26
19	1.23	1.23	1.23	1.23	1.23	1.23	1.23	1.23
21	1.47	1.47	1.47	1.47	1.47	1.47	1.47	1.47
23	1.42	1.42	1.42	1.42	1.42	1.42	1.42	1.42
25	1.38	1.38	1.38	1.38	1.38	1.38	1.38	1.38

备用电池数比例查询表(运营速度 10km/h,满载率 65%) 表 4-15

线路长度(km)	高峰断面客流量(人次/h)							
	<200	200	300	400	500	600	700	…
	电动车备用电池数比例							
<5	1.21	1.21	1.21	1.21	1.21	1.21	1.21	1.21
5	1.21	1.21	1.21	1.21	1.21	1.21	1.21	1.21
6	1.24	1.24	1.24	1.24	1.24	1.24	1.24	1.24
7	1.25	1.25	1.25	1.25	1.25	1.25	1.25	1.25
8	1.21	1.21	1.21	1.21	1.21	1.21	1.21	1.21
9	1.24	1.24	1.24	1.24	1.24	1.24	1.24	1.24
10	1.21	1.21	1.21	1.21	1.21	1.21	1.21	1.21
11	1.27	1.27	1.27	1.27	1.27	1.27	1.27	1.27
13	1.22	1.22	1.22	1.22	1.22	1.22	1.22	1.22
15	1.30	1.30	1.30	1.30	1.30	1.30	1.30	1.30
17	1.26	1.26	1.26	1.26	1.26	1.26	1.26	1.26
19	1.23	1.23	1.23	1.23	1.23	1.23	1.23	1.23
21	1.47	1.47	1.47	1.47	1.47	1.47	1.47	1.47
23	1.42	1.42	1.42	1.42	1.42	1.42	1.42	1.42
25	1.38	1.38	1.38	1.38	1.38	1.38	1.38	1.38

电动车置换配车数比例查询表(运营速度 15km/h,满载率 50%) 表 4-16

线路长度(km)	高峰断面客流量(人次/h)							
	<200	200	300	400	500	600	700	…
	电动车置换配车数比例							
<5	1.00	1.00	1.00	1.23	1.54	1.85	2.15	2.46
5	1.00	1.16	1.00	1.00	1.08	1.12	1.38	1.34
6	1.00	1.16	1.02	1.02	1.25	1.35	1.61	1.61
7	1.00	1.00	1.24	1.19	1.50	1.57	1.84	1.87
8	1.00	1.15	1.36	1.36	1.66	1.80	2.14	2.14
9	1.08	1.29	1.58	1.53	1.91	2.02	2.37	2.41
10	1.08	1.43	1.70	1.70	2.08	2.24	2.68	2.68

续上表

线路长度 (km)	高峰断面客流量(人次/h)							
	<200	200	300	400	500	600	700	…
	电动车置换配车数比例							
11	1.69	1.58	1.92	1.87	2.24	2.47	2.91	2.94
13	2.00	1.87	2.26	2.21	2.66	2.92	3.44	3.41
15	2.15	2.15	2.60	2.55	3.07	3.37	3.98	3.95
17	2.46	2.44	2.83	2.89	3.49	3.74	4.51	4.48
19	2.77	2.73	3.17	3.22	3.91	4.19	5.05	5.02
21	3.08	3.01	3.51	3.56	4.32	4.64	5.51	5.55
23	3.38	3.30	3.85	3.90	4.74	5.09	6.04	6.09
25	3.69	3.59	4.19	4.16	5.15	5.54	6.58	5.15

电动车置换配车数比例查询表(运营速度15km/h,满载率为65%)　　表4-17

线路长度 (km)	高峰断面客流量(人次/h)							
	<200	200	300	400	500	600	700	…
	电动车置换配车数比例							
<5	1.00	1.00	1.00	1.08	1.23	1.54	1.69	2.00
5	1.00	1.00	1.00	1.00	1.00	1.00	1.07	1.07
6	1.00	1.00	1.00	1.00	1.00	1.05	1.22	1.27
7	1.00	1.00	1.00	1.00	1.16	1.20	1.45	1.47
8	1.00	1.00	1.13	1.10	1.33	1.42	1.68	1.67
9	1.08	1.00	1.24	1.19	1.41	1.57	1.84	1.87
10	1.08	1.15	1.36	1.36	1.58	1.72	2.06	2.07
11	1.08	1.29	1.47	1.44	1.74	1.87	2.29	2.27
13	1.54	1.43	1.70	1.70	2.08	2.24	2.68	2.68
15	1.69	1.72	1.92	1.95	2.41	2.54	3.06	3.08
17	2.00	1.87	2.26	2.21	2.74	2.92	3.44	3.48
19	2.15	2.15	2.49	2.46	2.99	3.22	3.90	3.88
21	2.46	2.30	2.72	2.72	3.32	3.59	4.28	4.28
23	2.62	2.58	2.94	2.97	3.66	3.89	4.66	4.68
25	2.77	2.73	3.28	3.22	3.99	4.27	5.05	5.09

电动车置换配车数比例查询表（运营速度20km/h，满载率65%） 表4-18

线路长度 (km)	高峰断面客流量（人次/h）							
	<200	200	300	400	500	600	700	...
	电动车置换配车数比例							
<5	1.00	1.00	1.00	1.00	1.00	1.08	1.23	1.54
5	1.00	1.00	1.00	1.00	1.00	1.00	1.00	1.00
6	1.00	1.00	1.00	1.00	1.00	1.00	1.00	1.00
7	1.00	1.00	1.00	1.00	1.00	1.00	1.07	1.07
8	1.00	1.00	1.00	1.00	1.00	1.05	1.22	1.27
9	1.08	1.00	1.00	1.00	1.08	1.20	1.38	1.41
10	1.08	1.00	1.02	1.02	1.25	1.27	1.53	1.54
11	1.08	1.00	1.13	1.10	1.33	1.42	1.68	1.67
13	1.08	1.15	1.36	1.27	1.58	1.72	1.99	2.01
15	1.38	1.29	1.47	1.44	1.83	1.95	2.29	2.27
17	1.54	1.43	1.70	1.70	2.08	2.17	2.60	2.61
19	1.69	1.58	1.92	1.87	2.24	2.47	2.91	2.88
21	1.85	1.72	2.04	2.04	2.49	2.69	3.21	3.21
23	2.00	1.87	2.26	2.21	2.74	2.92	3.52	3.48
25	2.15	2.15	2.49	2.46	2.99	3.22	3.82	3.81

备用电池比例查询表（运营速度20km/h，满载率50%） 表4-19

线路长度 (km)	高峰断面客流量（人次/h）							
	<200	200	300	400	500	600	700	...
	电动车备用电池比例							
<5	1.50	1.50	1.50	1.50	1.50	1.50	1.50	1.50
5	1.58	1.58	1.50	1.50	1.50	1.50	1.50	1.50
6	1.58	1.58	1.58	1.58	1.58	1.58	1.58	1.58
7	1.60	1.60	1.60	1.60	1.60	1.60	1.60	1.60
8	1.50	1.50	1.50	1.50	1.50	1.50	1.50	1.50
9	1.58	1.58	1.58	1.58	1.58	1.58	1.58	1.58
10	1.50	1.50	1.50	1.50	1.50	1.50	1.50	1.50

续上表

线路长度 (km)	高峰断面客流量(人次/h)							
	<200	200	300	400	500	600	700	…
	电动车备用电池比例							
11	1.65	1.65	1.65	1.65	1.65	1.65	1.65	1.65
13	1.52	1.52	1.52	1.52	1.52	1.52	1.52	1.52
15	1.75	1.75	1.75	1.75	1.75	1.75	1.75	1.75
17	1.63	1.63	1.63	1.63	1.63	1.63	1.63	1.63
19	1.54	1.54	1.54	1.54	1.54	1.54	1.54	1.54
21	1.36	2.36	2.36	2.36	2.36	2.36	2.36	2.36
23	2.15	2.15	2.15	2.15	2.15	2.15	2.15	2.15
25	2.00	2.00	2.00	2.00	2.00	2.00	2.00	2.00

备用电池比例查询表(运营速度20km/h,满载率65%) 表4-20

线路长度 (km)	高峰断面客流量(人次/h)							
	<200	200	300	400	500	600	700	…
	电动车备用电池比例							
<5	1.50	1.50	1.50	1.50	1.50	1.50	1.50	1.50
5	1.58	1.58	1.50	1.50	1.50	1.50	1.50	1.50
6	1.58	1.58	1.58	1.58	1.58	1.58	1.58	1.58
7	1.60	1.60	1.60	1.60	1.60	1.60	1.60	1.60
8	1.50	1.50	1.50	1.50	1.50	1.50	1.50	1.50
9	1.58	1.58	1.58	1.58	1.58	1.58	1.58	1.58
10	1.50	1.50	1.50	1.50	1.50	1.50	1.50	1.50
11	1.65	1.65	1.65	1.65	1.65	1.65	1.65	1.65
13	1.52	1.52	1.52	1.52	1.52	1.52	1.52	1.52
15	1.75	1.75	1.75	1.75	1.75	1.75	1.75	1.75
17	1.63	1.63	1.63	1.63	1.63	1.63	1.63	1.63
19	1.54	1.54	1.54	1.54	1.54	1.54	1.54	1.54
21	1.36	2.36	2.36	2.36	2.36	2.36	2.36	2.36
23	2.15	2.15	2.15	2.15	2.15	2.15	2.15	2.15
25	2.00	2.00	2.00	2.00	2.00	2.00	2.00	2.00

4.4.5 微循环电池更换纯电动公交车运用测算基本结论

经过大量的参数测算,形成电池更换纯电动公交车主要技术参数标定结果。
(1)如下几种情况适宜开行电池更换纯电动公交线路:
①中心区短距离公交线路。
②接驳地铁的非通勤高峰线路。
③郊区连接公交枢纽或中心站的线路,高峰断面客流量小于运力的50%、单程距离不大于25km。
(2)关于电池续驶里程条件下,配车和备用电池的比例关系:
①在纯电动公交车续驶里程提高后,纯电动公交车可以在1.2~1.6配车数范围替换常规公交车线的车辆。
②在纯电动公交车续驶里程提高后,电动公交车的备用电池数量可以降低,备用电池比例可以控制在1.4~1.6倍配车数范围。
(3)纯电动公交车充电站布设应充分考虑纯电动公交车辆技术性能、电池的技术性能,以及纯电动公交车充电站空间布局规划。
①纯电动公交车充电站建设应与公交线路首末站相互协调,预留用地。充电站和公交首末站距离不宜过长。首末站内设置充电站,应充分考虑停车场规模和充电站设施占地面积比例关系,一般取值范围为20%~25%。
②在北京市现行道路工况条件下,利用充电站内电池换电和充电车道的用地、首末站停车场的用地比例和线路技术经济指标,测算出充换电站备用电池与线路配车数的比例应在1.4~1.7。
③结合北京市公交线路断面流量、配车数和高峰发车间隔等调度方案,中心区线路高峰断面客流量为700人次/h以下、长度为20km以下、客座满载率小于或等于60%的线路,适宜开行纯电动公交车;中心区周边线路高峰断面客流量为900人次/h以下、线路长度为25km以下、客座满载率小于或等于60%的线路,适宜开行纯电动公交车。

基于北京市当前微循环线路布设密度小的情况,建设充电站设施和增加车辆配置数量不尽合理,现阶段微循环公交线路不宜大规模投放电池更换纯电动公交车运营。

5 微循环快充纯电动公交车技术经济性分析

5.1 微循环快充纯电动公交车技术特征

城市微循环公交以路程短、站点密、周转快、客流相对集中为特点,运行在由部分城市干、支路及支路以下道路组成的局部道路交通系统网络中。它可为主干路网分流减压和增加可选路径,盘活道路资源存量,均衡道路网流量,提高整个城市道路系统的运行效率,是解决居民"最后一公里"出行难的、线路较短的一种公交系统,被市民亲切地总结为"地铁送到站,公交送到家"。

微循环公交作为城市公共交通的一种,弥补了常规公交、快速公交和轨道交通等的不足,为居民的短距离出行提供了方便。根据微循环公交的功能定位和运行特点,公交车的选型是微循环公交系统正常运行的重要基础工作之一。下面从客车技术指标、能耗、运营成本等方面进行相应的分析。

5.1.1 微循环6~8m快充纯电动公交车车型分析

北京公交集团微循环示范线路选择北汽福田6.5m纯电动公交车(BJ6650EVCA-3)和安凯6.8m纯电动公交车(HFF6680GEVB)。它们是直插快充纯电动公交车辆,在载客量和动力和照明耗电关系、技术经济性等方面都有创新。

1. 微循环北汽福田纯电动车辆结构与技术性能参数

北汽福田6.5m纯电动公交车,续驶里程为150km,实际运用中不开空调的情况下最多为180km。车辆基本信息如图5-1所示。

该电动车运用情况如下。

(1)整车电池重1.5t。

(2)车辆充满电(100%)约需41.4kW·h,用电设备齐全。

(3) 运营时间为早晚高峰,上午 3.5h,下午 3~4h,线路配有 2 个充电桩、16 辆车(每线路 8/6 辆)。

(4) 发车间隔平均值为 5min,一般为 5~15min,早晨去往地铁方向的客流大,晚间从地铁返回的客流大。

(5) 每次充电 20kW·h 左右,10~14min 充满,一天充 2 次电,上午一次,晚上一次。

图 5-1　北汽福田 6~8m 纯电动车及车辆基本信息

车辆结构设计问题:

(1) 旅游式车辆门在小区中使用非常不方便,车门频繁开启易损坏。

(2) 车内空调和照明等电器设备用电量所占比例较大,影响实际续驶里程。

(3) 充电枪太重,车辆充电孔位置太高,操作不便。

(4) 电池管理系统有待完善,例如,每次充电不显示车辆信息,缺少剩余电量记录;显示的剩余电量和充电桩充电时显示的剩余电量不一致。

运营车辆使用中应注意的问题:

(1) 每个乘务班组的设计行驶公里数为 91.0 km/天,驾驶员完成的行驶公里数要达到该设计值的 80%。

(2) 空调对续驶里程和日完成公里数影响较大,初期估算开空调往返两圈用电 30%,不开空调用电 15%。

2. 安凯微循环纯电动车辆结构技术性能参数

安凯纯电动客车(HFF6680GEVB)长度为 6.8m,总电量为 41.4kW·h,车辆外观如图 5-2 所示,相关参数见表 5-1、表 5-2。

图 5-2 安凯纯电动客车

安凯纯电动客车电机参数   表 5-1

	电机名称	永磁同步电机	型号	TM5009
电机参数	执行标准	GB/T 18488.1—2006	冷却要求	水冷
	连接方式	星形接法	制造厂商	精进电动科技股份有限公司
	额定功率(kW)	115	峰值功率(kW)	150
	额定转矩(N·m)	550	峰值扭矩(N·m)	1000
	额定转速(r/min)	2000	最高转速(r/min)	4500
	额定电压(V)	387	绝缘等级	H
	防护等级	IP65	工作制	S9
	重量(kg)	128	外形尺寸(mm)	φ419×255

安凯纯电动客车电池参数   表 5-2

电池类型	LpCO-9Ah
电池型号	MV06203127NPP
电池模块尺寸	(6.1±0.1)(长)×(220.0±2.0)(宽)×(126.0±2.0)(高)
标称总压	575V
电压范围(V)	405~672(2.5~4.15)
总能量(kW·h)23±2℃,1/3C	41.4

该车辆投放到地铁接驳微循环线路运营,此微循环线路的开通非常受交警和百姓欢迎,解决了"黑车"问题。运营时间为早高峰 6:00—9:30,晚高峰 17:00—20:00。安凯纯电动客车限流表如表 5-3 所示。

限 流 表　　　　　　　　　　　　　表 5-3

电池荷电状态	10%	20%	30%	40%	50%	60%	70%	80%	90%	100%
短时最大放电电流（A）	80	80	170	320	320	320	320	320	320	320
短时最大充电电流（A）	250	250	250	250	250	250	250	250	250	150
温度（℃）	—	−20	−10	0	10	20	30	40	50	55
短时最大放电电流（A）	—	50	100	170	320	320	320	320	250	170
短时最大充电电流（A）	—	50	120	250	250	250	250	250	250	120

安凯纯电动公交车参数见表 5-4。

安凯纯电动公交车参数　　　　　　　　　　　　　表 5-4

整车	整车型号	HFF6680GEVB
	最高车速（km/h）	69
	轴数	2
	生产企业	安凯汽车股份有限公司
	型号	AKEVCU-1
车身	额定载客(含驾驶员)（人）:5~17	
空调选装	生产企业	上海松芝汽车空调有限公司
	型式	—
	型号	—
	制冷量（kW）	12000
质量参数（kg）	整备质量	6400/6560
	前轴质量	1840/1900
	后轴质量	4560/4660
	最大总质量	9000
	前轴质量	2900
	后轴质量	6100

续上表

外部尺寸参数（mm）	车辆长	6805
	车辆宽	2280
	车辆高	2920/3120
	轴距	4000
	轮距（前/后）	1830/1674
	前悬/后悬	1000/1805

5.1.2 微循环线路中 6~8m 快充纯电动公交车运营技术经济指标分析

在选择开行线路时，要经济合理地设计运营方案，包括班组定额、百公里能耗、道路工况下的速度（单向客流时间、回空时间抽样分析）等指标。

1. 电池组能量的确定

电动汽车在行驶过程中经过距离 $S(\text{km})$ 所需的能量，可以通过式（5-1）得到（式中假定以 $v=40\text{km/h}$ 的恒定速度行驶，行驶时间为 t）。

$$W = P \times t = P \times \left(\frac{S}{v}\right) \quad (5\text{-}1)$$

式中：P——车辆行驶时所需的功率，kW；

W——车辆的行驶里程为 $S(\text{km})$ 时所需要的能量，kW·h。

通过计算可以得出 P 和 W 的取值，形成续驶里程与所需电池组的关系。

2. 比能耗

比能耗是指单位里程电动汽车单位质量消耗的总能量，其表达式为：

$$e_0 = \frac{e}{(m/1000)} \quad (5\text{-}2)$$

式中：e_0——电动汽车的比能耗，kW·h/(km·t)；

e——我国典型城市道路工况下的单位里程能耗，kW·h/km，$e = \frac{1}{3600} \cdot \frac{W}{S}$，

W 为我国典型城市道路工况下的能耗，单位为 kW·h；

m——车辆的质量，kg。

3. 耗电量和油耗之间的换算

按照国家标准，耗电量和油耗之间的换算公式为：

$$V_{\text{fuel}} = \frac{E_k \times 3600}{D_{\text{fuel}} Q_{\text{fuel\_low}} \eta_{\text{eng}}} \tag{5-3}$$

式中：V_{fuel}——折合后的百公里油耗，L；

E_k——百公里电耗，kW·h；

D_{fuel}——燃料密度，g/cm³；

$Q_{\text{fuel\_low}}$——燃料的低热值，J/g；

η_{eng}——发电工况下发动机的平均功率。

取 $D_{\text{fuel}} = 0.85\text{g/cm}^3$，$Q_{\text{fuel\_low}} = 43000\text{J/g}$。柴油机的平均工作效率约为 36%，换算后的 V_{fuel} 是 27.9L。以北京为例，假设目前的柴油价格为 6.76 元/L，工业用电价格为 0.779 元/(kW·h)，则相同车型下，电动公交车比普通燃油公交车运行成本低，有优势。

4. 微循环纯电动公交车主要指标之间的关系

纯电动公交车是新生事物，对其可行性、运营环境、续驶里程相关特性的协调关系等需要深入和充分调研，形成研究结论，以指导纯电动公交车在微循环线路运营工作的开展。纯电动公交车参数设计模型、车辆运行时间和电池使用时间如图 5-3、图 5-4 所示。

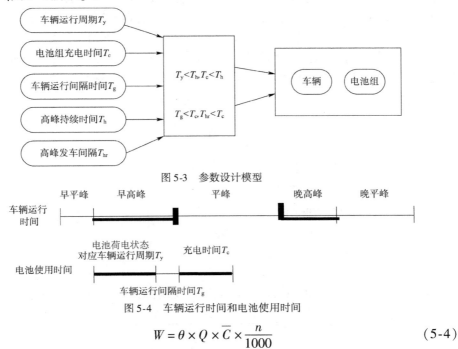

图 5-3 参数设计模型

图 5-4 车辆运行时间和电池使用时间

$$W = \theta \times Q \times \overline{C} \times \frac{n}{1000} \tag{5-4}$$

式中：W——总充电量，kVA；

θ——模型修正系数，取值范围 $0 \sim 1$；

Q——区域内电动汽车保有量，辆；

$\overline{C}$——单车单次充电量平均值，VA，$\overline{C} = \dfrac{S \times P}{t}$；

n——充电次数，取整数次，$n = \dfrac{L}{S}$；

S——单车充电平均行驶里程，km；

P——每公里耗电量，VA·h/km；

t——单次平均充电时间，h；

L——单车日平均行驶里程，km。

将式(5-4)所描述模型应用于微循环线路纯电动公交车运行能力预测时，由于全部车辆都将在站内充电，因此模型修正系数 $\theta = 1$。与地铁站接驳的线路，分析乘客选择情况和满载率，进行高峰运营和全天运营两个情景分析。相关数据准备工作：①采用实地观察法对高峰期公交车辆在各个站点停靠时间进行记录，统计得到停靠时间的加权平均值为 $20 \sim 30s$；②考虑极端情况，即按《城市公共汽电车客运服务》(GB/T 22484—2008)规定的公交发车间隔最高阈值 20min 作为发车间隔时间；③北京市道路状况下公交车速度基本在 30km/h 以下，出于安全考虑，结合 2012 年以来公交线路运行速度抽样给出的最高时速 25km/h 进行计算。根据以上信息分析，可以按式(5-5)计算某条运营线路的车辆配置数目：

$$N = \dfrac{\dfrac{2l}{v} + \bar{t} \cdot \dfrac{n_0}{60}}{\dfrac{\Delta t}{60}} + 1 \tag{5-5}$$

式中：N——某条线路配车数量，辆；

l——该线路单程距离，km；

v——行驶速度，km/h；

$\bar{t}$——车辆在每站平均停靠时间，min，$\bar{t} = 3$；

n_0——全程需停靠的站点总数，个；

Δt——发车间隔，min。

取 $v = 25 \text{km/h}$，$\Delta t = 20 \text{min}$，T_y 为车辆运行周期，则单车日平均行驶里程 L 为：

$$L = \dfrac{2l \cdot T_y}{\dfrac{2l}{v} + \dfrac{\bar{t} \cdot n_0}{60}} = \dfrac{2l \cdot T_y}{\dfrac{2l}{25} + \dfrac{3 \cdot n_0}{60}} \tag{5-6}$$

依据北京市微循环公交线路的运营数据,代入式(5-6)可以计算出各条线路单车日平均行驶总里程,即 $L \times n$(充电次数),以及其他相关参数。

微循环纯电动公交车线路统计信息应包括:微循环线路号、首站、末站、运营时间、线路长度、单程公里数、单程行驶时间、运送速度、在册车数、配车数、计划发车间隔、运营模式(高峰时间和全天时间)、劳动配班(分为整班和单班)、全日计划公里数、剩余电量、充电量、充电时间、百公里用能等,统计信息见表5-5。

微循环纯电动公交车线路统计信息　　　　　　　　　　表5-5

线路号	定员（人）	高峰小时车次	运力（人/h）	能耗（kW·h/km）	每个单程用电量（kWh）	每圈用电量	线路长度（km）	单程运行时间（min）	各站停站时间（min）	首末站停站时间（min）
1	31	8	308	0.74	0.91	1.82	1.5	4	6	6
2	31	8	308	0.74	1.88	3.76	1.5	4	6	6
3	31	8	308	0.74	2.35	4.7	1.5	4	6	6
4	31	8	308	0.94	2.82	5.64	1.5	4	6	6

本书依据纯电动公交车快充时间数据,分析了公交车运行时间受交通状况和季节因素的影响情况(图5-5),优化了相关的运营调度工作。

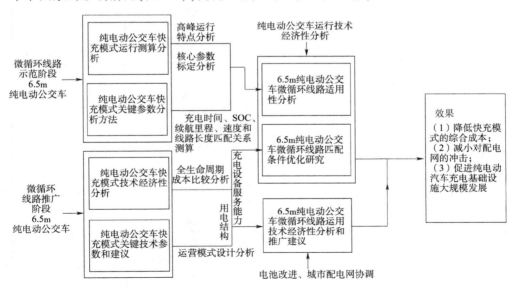

图5-5　微循环线路运营分析

可见，微循环纯电动公交车线路主要须考虑车辆数、SOC、充电时间和充电量4个关键参数。这些关键参数和高峰持续时间、高平峰发车间隔、车辆运行周期、电池充电时间、电池组充电功率等参数密切相关。

5.1.3 微循环6~8m纯电动公交车示范线路比能耗分析

示范运行车辆调研数据中，新开线路和汽改电线路的基本运营指标信息见表5-6。

新开线路和汽改电线路的基本运营指标信息　　表5-6

序号	线路号	首末站	线路长度(km)	类型	充电设备	票制	营业时间	配车数(辆)	开通时间
1	专160	看丹桥—汽车博物馆	3.5	新开	—	单一票制	6:00—9:30, 16:30—20:00, 周六日、节假日停	9	2015.9.22
2	专161	左安门外—蒲黄榆站	3.1	新开	左安门外2个,久敬庄场站3个,芳群路北口2个	单一票制	6:00—9:30, 16:00—19:30	7	2014.12.31
3	专162	左安门外—芳群路北口	3	新开		单一票制	6:00—9:30, 16:30—20:00, 周六日、节假日停	8	2014.12.31
4	专163	久敬庄场站—大红门桥	3.5	新开		单一票制	6:00—9:30, 16:00—19:30	13	2014.12.31
5	专164	双花园西里—大北窑南	3	新开	双花园西里3个,北京华侨城2个	单一票制	双花园西里 6:00—22:00, 大北窑南 6:15—22:15	7	2015.1.15
6	专165	双花园西里—八王坟南	5.5	新开		单一票制	双花园西里 6:00—22:00, 八王坟南 6:20—22:20	6	2015.1.15
7	专166	北京华侨城—厚俸桥南	4.35	新开		单一票制	北京华侨城 6:00—22:00, 厚俸桥南 6:15—22:15	10	2015.1.15

续上表

序号	线路号	首末站	线路长度(km)	类型	充电设备	票制	营业时间	配车数(量)	开通时间
8	专167	四惠枢纽站—高碑店东	7	新开	四惠8个,调整2个	单一票制	四惠枢纽站5:30—22:00,高碑店东6:30—22:30	11	2015.3.10
9	专169	西红门场站—兴都苑小区	3.5	新开	西红门场站3个	单一票制	6:00—9:30,16:30—20:00,周六日、节假日停	5	2014.12.31
10	专36	传媒大学场站环形	5.8	汽改电	传媒大学2个	单一票制	6:00—9:30,16:30—20:00,周六日、节假日停	6	2015.3.10
11	专12	五道口公交场站环行	6.2	汽改电		单一票制	6:00—9:30,16:30—20:00,周六日、节假日停	8	2013.9.22

通过百公里用能测算得到6m车不同负载下的等速百公里电动车比能耗 e_0 修正测算结果,见表5-7。

6m车不同负载下的等速百公里电动车比能耗 e_0 修正测算结果　　表5-7

负载	车速(km/h)						
	10	20	30	40	50	60	70
空载	0.263	0.132	0.088	0.066	0.053	0.044	0.038
10%	0.253	0.126	0.084	0.063	0.051	0.042	0.036
20%	0.243	0.122	0.081	0.061	0.049	0.041	0.035
30%	0.234	0.117	0.078	0.059	0.047	0.039	0.033
40%	0.226	0.113	0.075	0.057	0.045	0.038	0.032
50%	0.218	0.109	0.073	0.055	0.044	0.036	0.031
60%	0.211	0.106	0.070	0.053	0.042	0.035	0.030
70%	0.204	0.102	0.068	0.051	0.041	0.034	0.029

6m车不同负载下的等速百公里电动车的单位能耗 $e = e_0 m$ 修正测算结果,见表5-8。

6m 车不同负载下的等速百公里电动车的单位能耗 $e = e_0 m$ 修正测算结果　　表 5-8

负载	车速（km/h）						
	10	20	30	40	50	60	70
空载	1.53	0.76	0.51	0.38	0.31	0.25	0.22
0.1	1.53	0.76	0.51	0.38	0.31	0.25	0.22
0.2	1.53	0.77	0.51	0.38	0.31	0.25	0.22
0.3	1.53	0.77	0.51	0.38	0.31	0.25	0.22
0.4	1.53	0.77	0.51	0.38	0.31	0.25	0.22
0.5	1.54	0.77	0.51	0.38	0.31	0.25	0.22
0.6	1.54	0.77	0.51	0.38	0.31	0.25	0.22
0.7	1.54	0.77	0.51	0.38	0.31	0.26	0.22

注：不同负载下的百公里单位测算修正方法采用北京理工大学研究成果——王志新、王军、魏跃远的论文《基于行驶工况的电动车比能耗计算与分析》。

通过单位里程能耗和车辆总能耗的关系推算出的续驶里程见表 5-9。

6m 车不同负载下的续驶里程 s 修正测算结果　　表 5-9

负载	车速（km/h）						
	10	20	30	40	50	60	70
空载	18.97	37.94	56.91	75.87	94.84	113.81	132.78
10%	18.95	37.90	56.85	75.71	94.84	113.81	132.78
20%	18.93	37.86	56.91	75.87	94.84	113.81	132.78
30%	18.91	37.82	56.91	75.87	94.84	113.81	132.78
40%	18.89	37.79	56.91	75.87	94.84	113.81	132.78
50%	18.87	37.75	56.91	75.87	94.84	113.81	132.78
60%	18.86	37.71	56.57	75.87	94.84	113.81	132.78
70%	18.84	37.67	56.51	75.35	94.18	113.02	131.86

柴油车辆相关研究成果见表 5-10。

不同负载下的柴油车等速百公里油耗试验结果　　表 5-10

负载	车速（km/h）						
	10	20	30	40	50	60	70
空载	31.5	24.5	19.4	16.5	19.5	24.5	31.5
10%	32.2	24.8	20.1	17.1	20.1	25	32.1
20%	32.4	25.6	20.5	17.6	20.5	25.5	32.5
30%	32.9	26.1	21.1	17.9	21.1	25.9	33

续上表

负载	车速(km/h)						
	10	20	30	40	50	60	70
40%	33.5	26.5	21.5	18.5	21.5	26.6	33.5
50%	33.7	26.8	21.9	18.9	22	26.9	33.9
60%	34.5	27.5	22.5	19.5	22.5	27.4	34.4
70%	35	27.9	22.9	20.1	23	27.9	34.8

5.2 微循环纯电动公交车运营成本分析

运营成本分析主要是比较纯电动公交车与其他公交车的经济性。因此，需要建立一个指标使得不同能源类型公交车的经济性具有可比性。通过对比能源类型变化产生的成本变化（因数据来源有限，车辆报废回报收益等部分未计入总成本），在参考国内外相关汽车评价方法后，通过深入调研相关数据，对北京市目前运营的各种能源类型车辆从投入到报废全生命周期成本进行分析。

研究的主要车辆有国Ⅳ柴油车、天然气车（CNG车）、6~8m纯电动公交车、双源电动公交车4种。

简化的公交车生命周期成本理论模型如下：

$$C_{LCC} = C_{ZJ} + C_{YX} + C_{Wh} + C_{qt} \tag{5-7}$$

式中：C_{LCC}——总成本；

C_{ZJ}——折旧成本；

C_{YX}——运行成本；

C_{Wh}——维护成本；

C_{qt}——其他成本。

车辆折旧成本是指车辆购置所产生的所有费用的集合，不包括电池购置成本。此部分折算到运行成本中。购置费用参考车型的企业报价。

车辆运行成本是指车辆运行中因能源消耗产生的总费用，包括柴油、天然气和电能三大类。同时，能源传输、基础设施（如线网、变电站等）的维护、折旧成本也计算在内。

车辆的维护成本是指车辆维修保养过程中产生的各种费用。

其他成本是指不同车型使用过程中一些特定材料的消耗费用。

5.2.1　不同类型公交车全生命周期各成本分析

公交车辆经济性分析所用的统计数据均来源于北京公交集团2011年内部统计资料和2014—2015年快充纯电动公交车的相关数据。车辆折旧成本包含车辆单价和车辆购置税费两部分。将这两部分费用按照车辆残值为0、全车寿命8年进行均摊计算,即可得到车辆折旧成本。其中,快充纯电动公交车辆单价中不含动力电池更新费用,因为快充电池(重庆公交)为2~3年衰减2%,假定车辆使用寿命为8年,电池衰减满足小于20%的要求,可以暂不考虑电池更换费用(以下计算均将6~8m纯电动车折合成12m标准车,即乘以折合系数1.6计算的结果)。

当前,北京市公交车辆运营距离见表5-11。

北京市4种公交车运营距离　　　　　　　　表5-11

车　型	保有量(辆)	年行驶总里程(万 km)	单车实际年平均行驶里程(万 km)
国Ⅳ柴油车	4335	27521	6.3
CNG 车	2891	13787.4	4.8
双源电动公交车	180	828.1	4.6
6~8m 纯电动公交车*	—	—	4.0

1. 车辆折旧

四种车辆折旧分析结果见表5-12。

北京市4种公交车车辆折旧　　　　　　　　表5-12

车　型	车辆单价(万元)	购置税费(万元)	全车寿命(年)	车辆折旧(万元/年)	车辆折旧(元/km)
国Ⅳ柴油车	78.9	6.74	8	10.7	1.70
CNG 车	83.0	7.09	8	11.3	2.35
双源电动公交车	99.8	8.48	8	13.5	2.94
6~8m 纯电动公交车	43.6	4.8	8	6.1	2.44

考虑到车辆利用率对运行成本的影响,本书选择对车辆单车平均行驶里程成本进行分析。能耗成本是新能源公交车的优势所在,单车每公里能耗与能源单价的乘积即为车辆运行成本。不同的能源类型,车辆运行成本具体构成会有所差异。

(1)国Ⅳ柴油车:使用能源为柴油,基本可利用加油站加油,因此不涉及基础设施的折旧、运行维护等相关费用,0号柴油价格按照7.6元/L计算。

(2)CNG 车:使用压缩天然气,由公交企业自己建设加气站为车辆提供加气服务,因加气站为企业自建站,所以加气站折旧、运行维护、天然气输送转运等相关费用应核算入运行成本中。这里选用企业内部结算价作为能源单价参考。压缩天然气2011年的公交内部结算单价为4.8元/kg。

(3) 6~8m 纯电动公交车:快充纯电动公交车的运行涉及电费。由于购买集成电池块,不需要考虑电池更换等相关费用,快充纯电动公交车运行成本计算简化为

$$C_{快充纯电动} = (电价 \times 耗电量)/百公里 + 充电服务费/年运行里程 \quad (5\text{-}8)$$

其中,充电服务费为3.3万元/(辆·年)。

(4) 双源电动公交车:使用能源为电能,需要配套变电站和线网为电车提供电能,此部分设施由企业自行建设和运行维护,因此电能单价也采用内部结算价进行计算。2011年北京公交集团电能内部结算价为1.67元/(kW·h)。双源电动公交车运行成本计算如下:

$$\begin{aligned} C_{双源电动车} &= (电价 \times 耗电量)/百公里 + 电池购置费/(4年 \times 年运行里程) \\ &= (1.67 \times 130)/100 + 13.6320/(4 \times 4.6) = 2.91(元/km) \end{aligned} \quad (5\text{-}9)$$

其中,13.6320为电池购置成本(万元),在此以普莱德电池购置价格为例,使用年限按4年进行计算。

2. 运行成本

4种车型的车辆运行成本见表5-13。

北京市4种公交车运行成本　　　　表5-13

车　　型	能源单价	百公里能耗	运行成本(元/km)
国Ⅳ柴油车	7.60元/L	40L	3.04
CNG车	4.80元/kg	37kg	1.78
双电源电动公交车	1.67元/(kW·h)	130kW·h	2.91
6~8m纯电动公交车	0.92元/(kW·h)	110kW·h	2.44

注:①按照北京工业用电价0.92元/(kW·h)计算:纯电动公交车的运营成本涉及电费,假定电池衰减缓慢,寿命为8年,因此只需充电服务费3.3万元/(辆·年),则纯电动公交车运行成本计算如下:
$C_{纯} = [0.92 \times 110 \times 1.6(折合12m标准车系数)]/100 + (3.3/4.0) = 2.4442$,即电价×百公里耗电量/100km + 充电服务费(折合每km);
②微循环的运行成本应按照高峰运行7.5h的里程90~110km/日计;若按电价0.92元/(kW·h)计算,则结果为1.46(12m车)元/km。

由以上分析可见,天然气公交车运行成本较低,其经济优势主要来源于柴油和天然气较大的价格差。国家对车用天然气价格的政策支持,使天然气车辆保持低运行成本的优势。

单纯从电力成本来看,双源电动公交车与纯电动公交车相差无几,与柴油车相比都具有较大优势。可见,在能耗成本方面,新能源公交车都显著低于传统公交车。

3. 维护成本

根据北京公交集团的统计和调研结果，2011年北京公交车保修材料费统计见表5-14。比照折旧成本计算时的假定，依然将车辆维护成本折算为元/km。

北京市4种公交车车辆保修材料费统计(元/km)　　　　表5-14

车型	保养(万元)	轮胎、电瓶(轮胎和电池)(万元)	气瓶(万元)	其他专项(万元)	维护成本总计(元/km)
国Ⅳ柴油车	4812.61	520.27	0	544.82	0.64
CNG车	4656.45	622.87	362	1088.59	0.8
双源电动公交车	1107.8	688.9	0	82.79	1.16
6~8m纯电动公交车	94.34	14.1	0	5.34	1.01

注：仅以纯电动公交车电池慢充保养为参考。

从表5-14中可以看出，新能源公交车的维修保养成本高于柴油车，由于新能源公交车技术尚不成熟，日常保养周期短，折合单次保养成本高。双源公交车维护成本明显高于其他车型，降低其维护成本将有效降低其全生命周期总成本。

纯电动公交车的维护成本略低于双源电动公交车，具有一定的优势，在车辆性能和电池技术成熟的条件下可以降低维护成本和全生命周期成本。

4. 其他成本

其他成本是指不同车型在使用过程中一些特定材料的消耗费用，包括尿素、防冻液、杂油等，见表5-15。

北京市4种公交车辆其他成本　　　　表5-15

车型	国Ⅳ柴油车	CNG车	6~8m纯电动公交车	双源电动公交车
单车年尿素费用(万元)	0.32	—	—	—
单车年防冻液费用(万元)	0.28	0.22	0.06	0.21
单车年杂油费用(万元)	0.1	0.05	—	—
其他成本总计(元/km)	0.11	0.06	0.02	0.05

5.2.2　不同类型公交车经济性对比

根据上述4种成本可计算4种车型的全生命周期总成本，计算结果见表5-16。

北京市4种公交车经济性对比（全生命周期）　　　表5-16

成本	车型			
	国Ⅳ柴油车	CNG车	6～8m纯电动公交车	双源电动公交车
车辆折旧(元/km)	1.70	2.35	2.44	2.94
运行成本(元/km)	3.04	1.78	2.44	2.91
维护成本(元/km)	0.64	0.80	1.01	1.16
其他成本(元/km)	0.11	0.06	0.02	0.05
全生命周期成本(元/km)	5.49	4.99	5.91	7.06

注：电价按0.92元/(km·h)计算。

从表5-16中可以看出，经济性成本最低的是CNG车，随后依次是国Ⅳ柴油车、快充纯电动公交车，双源电动公交车的经济性较差，成本高于快充纯电动公交车。快充纯电动公交车的实际利用率接近国Ⅳ柴油车的情况下就会显示出快充纯电动公交车的技术优势。未来随着北京市对节能和环保要求的提高，柴油车的利用率势必会下降，CNG车、双源电动公交车和快充纯电动公交车的利用率会大大增加。

因此，我们假设以下三种情景对各车经济性成本和市场前景进行分析。

情景1：未来4种车型利用率相当

与CNG车相比，快充纯电动公交车在全生命周期经济成本方面并不具有明显优势。考虑到CNG加气站点趋于饱和，CNG车在目前条件下无法大规模推广，而快充纯电动公交车配套基础设施比较简单，其大规模推广应用不存在上述问题。

但快充纯电动公交车经济成本过高，主要体现在车辆、电池购置成本和维护成本费用方面，提高利用率和电池使用年限、降低维护费用可以提高其经济性。

情景2：2020年不同类型公交车经济性比较

由以上分析可见，以纯电动公交车和双源电动公交车为代表的新能源公交车在政府补贴引导下尚不具备成本优势。考虑到新能源汽车领域备受关注，未来快充纯电动公交车具备一定的市场竞争力。

情景3：2020年市场前景分析

基本假设为：

(1)电池成本降低20%、驱动电机及电控系统成本降低20%时，电车总成本下降10%。

(2)动力电池组寿命稳定提升到8年。

(3)2020年0号柴油单价上涨至8.9元/L，电价上涨至1.03元/(kW·h)。

(4)2020年，柴油车节油10%，电车节电15%，双源电动公交车维护保养费用降至柴油车水平。

2020年不同类型（不考虑CNG车）公交车经济性对比结果见表5-17。

2020年不同类型公交车经济性对比 表5-17

按8年周期	国Ⅳ柴油车	6~8m纯电动公交车	双源电动公交车
单车年平均行驶里程（万km）	6	6	6
车辆折旧（元/km）	1.36	0.67	1.62
运行成本（元/km）	2.74	2.17	2.32
维护成本（元/km）	0.64	1.01	0.64
其他成本（元/km）	0.11	0.02	0.05
全生命周期成本（元/km）	4.85	3.87	4.63

可见，6~8m快充纯电动公交车全生命周期总成本具有一定优势。2020年柴油车总成本增幅主要取决于油价的上涨速度，但受到技术进步车辆节油的积极影响，总成本变化不大。纯电动公交车和双源电动公交车受电价变化的影响不大，影响其总成本的主要因素是电池的成本和寿命。如果电池技术取得突破，寿命显著增长，成本则显著降低，这样6~8m纯电动公交车和双源电动公交车将具有极强的市场竞争力。

5.3 微循环快充纯电动公交车比较优势分析

2014年6月北京市政府发布《北京市电动汽车推广应用行动计划（2014—2017年）》（以下简称《行动计划》），计划4年提供17万辆电动小客车指标，到2017年建设10000个快速充电桩。《行动计划》坚持"公用充电桩以快充补电为主、自用充电桩以慢充为主"原则，适度超前布局，建成较为完善的充电设施服务网络。现有及新增轨道交通接驳微循环线路全部采用电动公交车。2014年重点在6条以上微循环线路投运电动公交车不低于100辆。微循环纯电动公交发展的目的：①充分发挥北京公交车社会效益，使纯电动车的运营起到示范引领作用。②为城市低排放和大容量公交和社区公交一体化接续服务起到示范作用。③推进蓝天计划，为北京环境的改善做出贡献。④支持北京绿色公交出行，为改善社区环境做出贡献。

5.3.1 快充纯电动公交车运用市场

2014年北京市交通委运输管理局会同北京公交集团推出6m纯电动公交车，

并在2014年底前投入运营。这种纯电动公交车总电量41.4kW·h，采用8~15min快充模式，投放到微循环公交线路进行示范运行。

6m纯电动每车（座席加站席）可运送30~40位乘客，截至2015年底投放100辆，形成一定规模效应。为此，可进行相关技术经济指标和推广可行性分析。

（1）新城城区内主要公交线路全部采用电动公交车。2014年重点在怀柔亚太经济合作组织会议会址、亦庄新城、昌平未来科技城等地主要公交线路投运电动公交车60辆。

（2）首都机场更新或新增各类运营车辆用于摆渡等，旅客保障车辆全部采用纯电动汽车。2014年完成首批电动汽车示范运行，规划建设配套充电站。

快充纯电动中小型客车主要是满足拥堵地区、大型小区、老城区的区域道路网络，改善城市道路微循环系统。另外，相比以前的10m以上的纯电动客车，10m以下纯电动客车的补贴尽管按比例下降了，但采用的电池量下降更多。公交企业如果拿到双级补贴，与燃油公交的差价就能填平。

有业内人士表示，纯电动中小型公交车受欢迎的原因是对于城市来说，纯电动公交车（中小型）价格低，需求量大，大规模运营可帮助城市快速完成新能源汽车推广目标。未来，纯电动公交车（中小型）将成为城市公交车的重要组成部分。

2014年北京国际道路运输车辆展上，纯电动客车不只是10m以上的，更多企业推出了6~8m的中小型电动车。充电较快的6~8m电动车有条件打破充电站投资成本高、使用效率低的束缚。

与10m以上纯电动客车相比，6~8m纯电动客车能够在确保同等续驶里程的前提下，装电量缩减至少1/3，成本下降了不少，且国家补贴仅比10m以上纯电动公交车少10万元。

与此同时，6~8m纯电动客车在团体公务用车和乡镇公交中均可广泛的应用，在区域道路微循环网络中有优势，比如都市里社区与地铁站之间的接驳车、卖场免费接送用车等。

5.3.2 "最后一公里"公交运营服务引领作用

城市微循环公交的引领作用主要表现在以下两个方面。

1. 联合步行与自行车系统，共同服务于"最后一公里"出行需求

微循环线路由于承担"走街串巷"的任务，因此在发展过程中应更注重与自行车、步行等非机动出行方式的竞合关系，充分认识到非机动车短距离出行的优势，共同服务于"最后一公里"出行需求。

在规划层面,规划线路时应充分考虑步行、自行车的可达性,考虑如何通过最简单化的方式发挥步行、自行车、微循环公交线路三者的区域协同最大化效益;在实施层面,应充分考虑道路条件、公共自行车租赁点情况、公交车辆条件,对于公交车辆停靠困难、无法行驶的路段,充分利用公交与步行、自行车的衔接关系,设置合理的站位。

2. 提高微循环服务水平,完善公交出行链

公交出行链是指以公共交通方式为主要出行方式完成的一次持续出行过程。据相关统计,目前北京市全程公交平均出行时间约66min,其中两端"最后一公里"出行约占15.2min,这导致公共交通出行效率损失约23%,严重影响了公共交通吸引力。为解决"两端"的低效出行,可从国际上热门的"公交出行链"角度发展微循环公交线网,以更好地发挥微循环线在公交出行链首末端的重要功效。

基于公交出行链的微循环线网发展,首先应根据北京市居民出行特征将公交出行的乘客进行"链式"划分,可分为生存型出行链(上班、业务等)、维持型出行链(购物、银行等维持生活必要的活动为主)及休闲型出行链(电影、文化娱乐等为主),而后根据不同出行链的乘客出行特征,采取不同的公交微循环线设置、运营策略。针对生存型出行链,线路设计应当快速直达接驳站点(轨道交通、公交干线网络站点),并且应采取小间隔发车,提高服务水平,提高可靠性;对于维持型与休闲型出行链,应当重点考虑微循环线路连接大型超市、娱乐中心、商务区等的可达性,重点提高乘车的舒适性。另外,可根据具体情况设置临时微循环线,单向/双向微循环线,丰富微循环线的种类,提高微循环线的服务水平。

随着微循环6~8m纯电动公交车线路运营配套设施的完善,2014年12月31日北京市开通了4条微循环纯电动公交车线路,2015年1月15日又开通了3条线路,取得了非常好的效果。要认真总结这些经验,为下一步大规模开设微循环线提供依据。

2014年12月31日正式开通运营的4条微循环线路方便了紫芳园、芳星园、锦苑小区、理想城等小区居民出行,这些线路接驳地铁5号线、大兴线,解决了群星路、芳群路、久敬庄路、欣荣北大街共计4.6km有路无车问题。2015年1月15日,北京公交集团又开通3条微循环线路,3条线路长度都不超过10km,配车为新型6~8m纯电动公交车,方便双花园社区、百子湾路周边社区、翠城等多个小区居民的出行。

投入运营的6~8m纯电动公交车车长6.5m左右,车宽2.25m,车高2.8m,车身颜色为黄色,座位数11个,额定载客人数36人。纯电动车充电方式采取整车快速直接充电,充满电仅需20min左右,在实际运营中补电方式充电仅需10~15min;充满电后根据载客人数和不同的道路情况,可行驶50~80km。6~8m纯电动公交车引领了绿色微循环公交的发展。

5.3.3 快充纯电动公交车安全与成本分析

快充纯电动公交车乘车环境安全。以宇通双源快充纯电动客车为例,通过快充电源系统及网线设施的匹配与优化设计,彻底避免网线通过车体与大地形成回路,不会引发人员触电事故。目前宇通常规纯电动客车的防护等级已达到IP67,在淋雨、涉水等极端情况下都能安全行驶。

其次,快充纯电动公交车节能效果较好。宇通双源快充纯电动客车通过集电器捕捉系统自动化设计,优化了整车的综合能量管理,全铝车身等轻量化材料的普遍应用大幅度提高了节能效果。目前正在运行的宇通12m常规纯电动客车经实际线路测试,电耗已经达到了$0.75kW \cdot h/km$。

再次,快充纯电动客车成本优势明显。6~8m快充纯电动公交车电池成本少于常规纯电动客车,若电池寿命延长则电池成本还可下降,拥有良好的市场前景。

5.3.4 微循环纯电动公交车运用技术条件

电动公交车的运营模式对整个充电站的规划起着决定性的作用。要在满足基本运营要求的条件下考虑纯电动公交车的特点对运营模式进行调整。

对公交系统来说,发车间隔是运营中心重要指标,客流量与车辆容量直接决定发车间隔值。随着城市人口的不断增多,交通压力逐渐加大,尤其是公共交通,如公交车、地铁等都在不断地缩小发车间隔以保证运力,因此在公交调度系统中,严格遵守发车间隔是非常重要的。对于微循环线路,要重点考虑发车间隔对整个充电站的运营流程的影响。

微循环公交线路开行服务的目的包括以下几个方面:

(1)为满足客流规模、道路通行能力达不到开行常规公交条件的区域内短途出行需求,结合路网循环条件,研究使用小型公交车在居民小区和商务地区布设微循环公交线路,进一步完善四级公交线网。

(2)满足社区乘客需求,尤其是为没有公交线路的小区市民出行解决"最后一公里"问题,是公共交通客运主干线的重要补充。

(3)要重视和研究在微循环线路运行下电池组的充放电功率需求,分析充电功率、充电时间、电池容量对运行距离的影响,设计备用电池与整车运行的匹配关系,服务于微循环纯电动公交车辆保养维护基地建设。

5.3.5 微循环快充纯电动公交车运行线路的确定

制约纯电动公交车运行模式的最大因素是车辆续驶里程及电池充电所需时间。车辆续驶里程主要由车上所装载动力电池的数量和容量决定,而电池充电所需时间则由其充电模式及充电倍率所决定。

对于纯电动车辆来说,核心难点是如何保证电池的使用寿命。锂离子电池对应用条件有较强的敏感性,要防止电池过放、过充、低温充电或高温充电、车辆内部电池箱温度场不均匀等,其中电池过放、车辆内部电池箱温度场不均匀问题可由车辆系统解决,而在充电站内部主要解决电池充电的问题。

公交车辆的发车间隔、车辆运行线路长度、平均行驶速度及线路配车数几个因素要符合所在公交线路的实际需求。微循环纯电动公交车运行线路长度的确定是否合理影响车辆续驶里程的利用率,即电池容量的利用率。纯电动公交车车型选择要满足微循环公交线路节能环保要求。

微循环公交线路纯电动公交车整车充电系统一般情况下,采用慢速充电方式进行充电,即按 0.4C 的充电倍率充电,充电时间为 3~4h(按深度放电后再充满电的最长时间计算),根据以上原则,充电设备充电电流选择 150A。一般配置 200kW(输出电压范围为 DC 350~700V,额定输出电流为 300A)分体式直流充电设备,对大型车辆进行整车充电;配置 105kW(输出电压范围为 DC 350~700V;额定输出电流为 150A)分体式直流充电设备,对中型车辆进行整车充电;配置 40kW(输出电压范围为 DC 250~500V;额定输出电流为 80A)分体式直流充电设备,对小型车辆进行整车充电;配置 7kW(220V/32A)交流充电桩对其他车辆进行充电。分体式充电设备指交直流功率变换和直流输出控制两部分为两个单体的形式,它们之间通过电缆连接组成一套完整的充电设备。整车慢充应用于微循环线路纯电动公交车时,为保障日常公交运营车辆调度就必须增加配车比,会带来成本增加、电动车充电场站和停车空间的增加,和快充 6~8m 纯电动公交车相比不经济。

6 微循环快充纯电动公交车运营理论分析

本章从城市微循环公交线路空间分布、客流分布特点,以及纯电动公交车剩余电量与续驶里程等方面分析微循环公交线路;结合北京市微循环纯电动公交车电容量和满载率以及微循环道路通行能力等主要指标之间的交叉分析,形成 6~8m 快充纯电动公交车在微循环线路上的匹配测算关系,为这款快充纯电动公交车在微循环线路开行方案提供参考。

6.1 北京市微循环线路分布和电动车运行参数

6.1.1 北京市微循环线路分布

北京市"干支普微"四级公交线网中,微循环线路需求日趋明显,尤其在公交盲区。截至 2014 年初,北京市公交微循环线路布设近百条线路。代表性微循环线路见表6-1。

北京市微循环线路分布示意图(2014 年)

代表性微循环线路　　　　　　　　　　表6-1

路别	首站	末站	平均线路长度(km)	日均运送人次(人次/日)	接驳地铁线
专2	前门	前门	10	613	
专3	北京西站南广场	北京西站南广场	6.6	16	9号
专4	三环英和医院	三环英和医院	4.5	1659	
专5	大北窑南	九龙花园北	3.8	1106	
专10	弘燕公交站	大北窑南	7	4128	
专11	鲁谷公交场站	翠谷玉景园小区	3.5	1404	1号
专12	五道口公交场站	五道口公交场站	6.4	379	
专17	晓月苑公交场站	地铁大瓦窑站	5	3412	
专20	清河营公交场站	赢秋苑	5.7	2855	13号
专21	龙锦苑公交场站	霍营公交场站	4	4923	8号/13号

续上表

路别	首站	末站	平均线路长度(km)	日均运送人次(人次/日)	接驳地铁线
专22	望和桥	望和桥	3.6	2465	10号/13号
专23	欣旺北大街	西红门西站	4	732	大兴
专24	福苑小区	翡翠城小区	6.3	192	大兴
专25	灵秀山庄东站	地铁旧宫站	3.9	1610	亦庄
专26	海上海花园小区	翠林小区	6	949	4号
专27	丽泽桥	达官营	6.2	1135	
专28	地铁上地站	厢黄旗东路	3.55	945	
专30	天桥	鸭子桥路	6.9	930	
专31	地铁龙泽站	百嘉城小区东门	2.95	2313	13号
专34	地铁西二旗站	地铁西二旗站	5.4	297	
专36	地铁传媒大学站	地铁传媒大学站	5.8	155	八通
专37	顾家庄桥西	地铁北苑路北站	3.7	2062	5号
专38	永丰公交场站	稻香湖景	8	236	
专40	慧忠里	林萃东路	7	111	8号
专41	开发区交通服务中心	晶彩小区	8.75	2951	亦庄
专42	霍营公交场站	霍营公交场站	5.8	2424	13号/8号
专43	宝盛里小区	宝盛里小区	6.8	442	8号
专44	双泉堡东	观林园小区北门	5.5	1315	8号
专45	沙河	北街家园八区北	7.6	2023	
专46	吴庄公交场站	京原路口东	5.5	1200	
专49	朱辛庄公交场站	沙河	7.1	6681	昌平
专50	小沙河村公交场站	史各庄	8	2354	昌平/8号

每条微循环线路上的客流量及高峰断面客流量各有不同,主要受周边用地类型和分时段产生的出行量影响。

6.1.2 微循环快充纯电动公交车辆线路运行的定制

在客流量特征基础上,依据运行参数——线路运营策略、发车间隔、车辆选择等,确定微循环快充纯电动公交车全天运行还是高峰时段运行。同时,结合路径是否固定、行车计划是否机动灵活、运行方向是否固定(单双向)形成微循环纯电动公交车线路调度策略。

目前,北京市微循环公交采用10种调度类型:

(1) 固定路径,固定行车计划和固定运行方向。
(2) 固定路径,灵活的行车计划(基于需求),固定运行方向。
(3) 固定路径,灵活的行车计划,双向运行。
(4) 固定路径,灵活的行车计划,固定运行方向,可能采用区间车。
(5) 固定路径,灵活的行车计划,双向运行,可能采用区间车。
(6) 固定路径,灵活的行车计划,固定运行方向,可能采用大站快车。
(7) 固定路径,灵活的行车计划,双向运行,可能采用大站快车。
(8) 固定路径,灵活的行车计划,固定运行方向,可能采用大站快车和区间车。
(9) 固定路径,灵活的行车计划,双向运行,可能采用大站快车和区间车。
(10) 基于需求的机动路径,灵活的行车计划。

6.2 微循环快充纯电动公交车运行方案设计

基于微循环线路分布和快充纯电动公交车结构性能特点,下面对微循环快充纯电动公交车运行线路进行分析。

6.2.1 微循环快充纯电动公交车发车间隔

微循环线路的发车间隔对服务质量与客流吸引力都有着极为重要的影响。发车间隔越小,乘客平均等待时间越短,服务水平越高,进而对社区居民的吸引力越大,但运营企业投入的运营成本也越高。反之,可节省企业运营成本,但公交服务水平与吸引力也会因此下降。而且,微循环线路的发车间隔与车辆在途运行时间、线路长度等也有密切关系。再者,确定发车间隔是制定微循环线公交时刻表的基础,确定合理的调度时刻表可发挥微循环线路与地铁接驳优势,起着进一步缩小公交与地铁之间换乘成本的作用。基于此,制定合理的微循环线路发车间隔对于提高微循环线路吸引力以及控制公交企业运营成本都有着十分重要的意义。

公交首(末)站开设与地铁站点形成接驳关系的微循环纯电动公交车线路,其功能十分明确,即收集沿途小区零散客流往返于首(末)站与地铁站之间。因此,线路在衔接点的运营稳定性尤为重要,衔接点周边应具备驻、发车条件,以保证衔接点的发车间隔和运力投入,同时衔接点的选择还需考虑站区的换乘能力,保证站区候车秩序。在条件具备的情况下,首(末)站接驳可发挥线路的最大运营效率,并实现较好的服务质量,具体内容如图 6-1 所示。

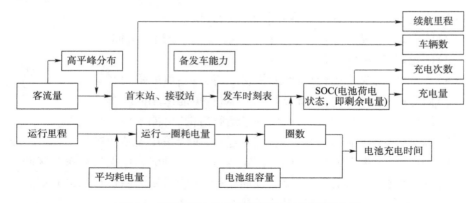

图 6-1　微循环纯电动公交车运营计划确定要素分析

6.2.2　微循环快充电动公交车运营测算基本依据

纯电动公交车适用性受车辆自身的总能量（总电量）和车辆用能结构以及公交运营线路上的车速、客流量的影响，因此应结合运营的基本条件进行测算，形成科学合理的适配线路选择。

1. 基本设计参数

表 6-2 给出了电动公交车运营的基本参数。

电动公交车运营基本参数　　　　表 6-2

车容量	C_b	充电模式	快充
剩余电量	SOC	全天工作时间	T_r
高峰时段	T_{mp}（早高峰） T_{ep}（晚高峰）	电池容量	C
		充电桩数量	N_r
续驶里程	L_r	配车数	W
每车充电时间	T_c	每日充电次数	N_{ct}

2. 车辆运行线路的制定

公交车辆的发车间隔、车辆运行线路长度、平均行驶速度及线路配车数之间互为制约条件。发车间隔是根据所需运能确定的；平均行驶速度是根据具体线路的路况及交通状况等得出的经验值；而车辆运行线路长度的制定是否合理则影响到车辆续驶里程的利用率，即电池容量的利用率。车辆的续驶里程是反映车辆性能和实用性的重要指标。另外，还应注意剩余电量的车辆续驶利用率及单位公里用电量剩余电量值、各条线路单车日平均行驶总里程与车辆续驶里程 L_r 应符合如下关系：

$$nL \xrightarrow{趋向于} L_r \quad n=1,2,3,\cdots \tag{6-1}$$

其中，L 为单车日平均行驶里程，n 为充电次数。

此外，线路长度还需考虑高峰持续时间，在尽量不影响运能的前提下，车辆持续运行时间应能够满足并大于高峰期持续时间。由于高峰时段车辆全部发出，高峰期结束时，要保持在途车辆数为平峰期车辆数。因此，线路长度的设置不应过长。

3. 快充纯电动公交车主要指标计算

（1）车辆每天充电次数。

车辆每天充电次数主要由车辆的续驶里程、运行参数及公交运营模式决定。续驶里程可支持运行时间与全天运行时间的关系为车辆充电次数的主要决定因素，且为了保证高峰期车辆全部发车，高峰期结束时部分车辆收车，每个高峰期都需增加充电次数，因此可依据式(3-3)，计算车辆每天充电次数。

（2）充电站服务能力。

$$N_{Mbus} = \frac{T_r \times N_r}{C_c} \tag{6-2}$$

式中：N_{Mbus}——每天最多服务车次；

T_r——充电桩全天运行时间；

N_r——充电数量。

C_c——经验值，考虑到由于充电桩数量和充电车辆多，有等待等相互干扰因素，可选取经验值 $0.8 \sim 1$。

$$N_{bus} = \frac{N_{Mbus}}{N_{ct}} \tag{6-3}$$

式中：N_{bus}——可服务车辆数目；

N_{Mbus}——每天最多服务车次；

N_{ct}——车辆每天充电次数。

（3）高峰小时发车间隔。

对于客流较集中且客流量较大的公交服务线路，其发车间隔的计算可予以简化。首先，针对客流较集中的线路得出其高峰小时断面客流量 H_m，车容量 C_b，则其高峰小时发车间隔 T 为：

$$T = \frac{C_b}{H_m} \tag{6-4}$$

（4）续驶里程利用率。

$$\mu = \frac{nL}{L_r} \tag{6-5}$$

（5）续驶里程可支持运行时间。

续驶里程可支持运行时间 T_{rr} 可由式(3-8)计算获得。

（6）发车频率

根据已知线路长度、配车数、平均行驶速度和车容量，推算出发车频率：

$$W = \frac{L \times 60}{V \times jg} \tag{6-6}$$

式中：W——公交线路的单向配车数，辆；

L——公交线路的长度，km；

V——公交车辆运营速度，km/h；

jg——高峰小时发车间隔，min。

（7）车辆配备数量。

在某一时间段内需求的车辆数称为时段配车数，确定它的原则是，既要保证有足够的服务质量，又要保证配车数最小。

时段配车数的计算如下：

$$P_i = \frac{H_i}{\rho_i \times C} \tag{6-7}$$

式中：P_i——某一时段配车数，车次；

H_i——某一时段内小时最高断面客流量，人次；

ρ_i——某一时段内的期望满载率；

C——车容量，人。

取高峰小时的满载率 $\rho = 1$，则高峰小时的配车数为：

$$P_m = \frac{H_m}{C} \tag{6-8}$$

式中：P_m，H_m——高峰小时配车数和小时最高断面通过量。

高峰小时的发车间隔计算如下：

$$jg = \frac{60}{P_m} \tag{6-9}$$

由于实际情况的复杂性和条件情况的不同，也可由以上计算方法倒推所求量。例如，已知线路长度、配车数、平均行驶速度和车容量，推算客流量（高峰小时断面客流量）和发车频率。

6.3 微循环快充纯电动公交车能耗结构与运行特点比较

下面结合北京市道路拥堵情况测算微循环线路的速度和 6~8m 快充纯电动公交车用电结构,分析比较节能、正常运行(不开空调)、开空调运行、开暖风运行 4 种用电情景下的微循环线路匹配情况。

6.3.1 6~8m 快充纯电动公交车示范运营用电结构

根据示范线路全年用电结构抽样数据,可知纯电动公交车用电结构主要包括行驶用电、空调用电、路签用电、车内照明用电,可测算出夏季和冬季用电结构,如图 6-2、图 6-3 所示。

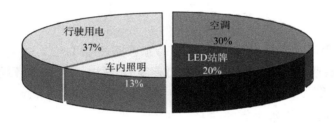

图 6-2　6~8m 夏季车用电结构

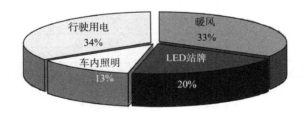

图 6-3　6~8m 冬季车用电结构

6~8m 快充纯电动车辆小,总电量少,空调或暖风用电比例接近行驶用电,LED 用电次之。所以如何合理用电,提高续驶里程(行驶用电)是关键。

6.3.2 6~8m 快充纯电动公交车耗电理论分析

微循环快充纯电动公交车 4 种用电情景下的相关参数理论测算依据是百公里

能耗。以下分析不同速度下运营线路长度选择、续驶里程和日充电次数与日耗电的量化关系。

1. 不同速度对应的日均耗电量

测算结果如图 6-4 所示。

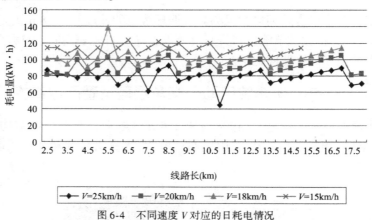

图 6-4　不同速度 V 对应的日耗电情况

从图 6-4 中可以看出，速度在 20~25km/h，线路长度可达 17.5km，日消耗电量为 80~100kW·h；速度在 15~18km/h 或更低速度的道路上开行微循环线路，每公里耗电量大，线路长度为 15~16km，同时，日耗电量为 100~120kW·h。

2. SOC 与运营圈数之间的关系

测算结果如图 6-5 所示。

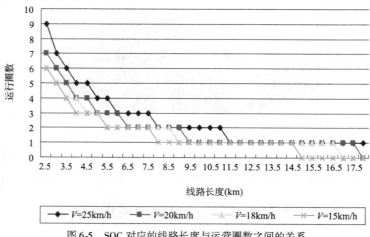

图 6-5　SOC 对应的线路长度与运营圈数之间的关系

按照 SOC 对应的圈数(一个来回为一圈)测算,速度快,对应的圈数多,但是当线路长度超过 9km 时由于总电量限制,车辆只能一圈一充电。测算结果表明,当速度大于或等于 25km/h 时,线路里程可增加到 11km,可以两圈一充电,既经济又减少集中充电问题。

3. 日均完成运营里程与充电次数之间的关系

测算结果如图 6-6 所示。

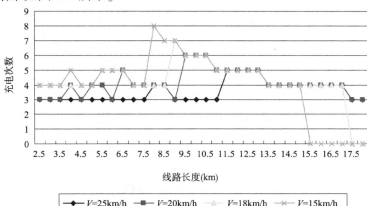

图 6-6　完成计划日均里程对应的线路长度与充电次数之间的关系

从图 6-6 可以看出,按照日计划完成 120km 测算,受速度和运行线路长度影响,速度快,则充电次数少;速度慢,充电次数多。

4. 续驶里程与速度之间的关系

测算结果如图 6-7 所示。

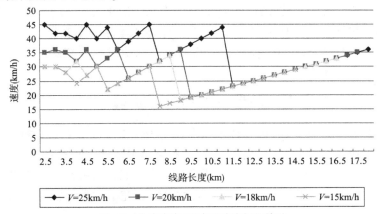

图 6-7　线路续驶里程与速度之间的关系

从图 6-8 中可以看出，道路拥堵程度影响车辆速度，线路长度在 10km 以下的速度与续驶里程成正比关系，速度越快，续驶里程就越长；线路长度在 10km 以上，由于 SOC 受限制，只能一圈一充电，所以续驶里程为定数。

5. SOC 与续驶里程之间的关系

测算结果如图 6-8 所示。

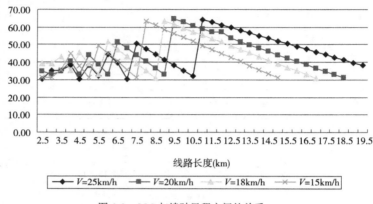

图 6-8　SOC 与续驶里程之间的关系

6.4　微循环快充纯电动公交车关键参数交叉分析

本节在微循环快充纯电动车采用高峰运行模式和计划日发车次数基本假定下，采用理论公式测算，给出关于 6~8m 快充纯电动车示范线路配车数，并获得实际日完成公里数等结果，得出结论为示范线路采用的高峰运行模式和理论测算结果相吻合。以专 163 路、专 164 路为例，对于专 163 路的接驳轨道站点的通勤单向客流量特别大的情况，采用的备用车较多；对于专 164 路依据客流节点断面确定的客流量，配车数较少（最低配车方案），但是考虑到微循环线路临时变动车号调整线路方便，可以少配车。

6.4.1　续驶里程-运营圈数-日充电次数

假定道路拥堵情况下的微循环线路车速为 15~25km/h，对微循环快充纯电动公交车总电量和用电结构进行模拟测算，微循环线路长度、速度对应的纯电动公交车续驶里程和每日耗电量之间的相互关系，以及示范运营线路统计测算形成不同速度下的续驶里程、SOC、每日耗电量、运营圈数、日充电次数等，如图 6-9~图 6-11 所示。

6 微循环快充纯电动公交车运营理论分析

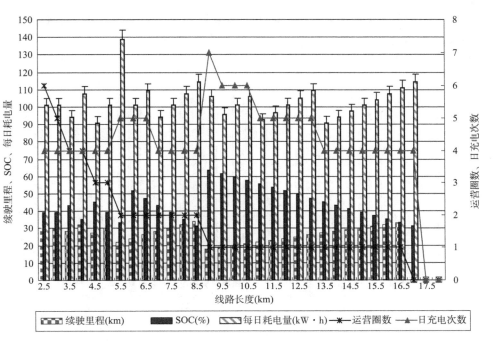

图 6-9　快充纯电动车续驶里程-运营圈数-日充电次数交叉分析(18km/h)

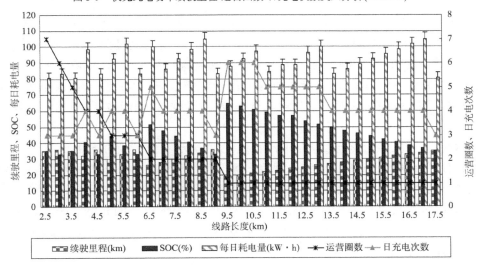

图 6-10　快充纯电动车续驶里程-运营圈数-日充电次数交叉分析(20km/h)

从图 6-9 中可以看出速度在 15~18km/h 时续驶里程对应的圈数和日充电次数等信息。从图中可见,线路长度≥8km 时,车辆续驶里程较低,而且必须每圈充

127

电,充电次数增加到4~8次,充电时间增多使日均完成公里数减少;线路短,使高峰时段运行满载率提高。

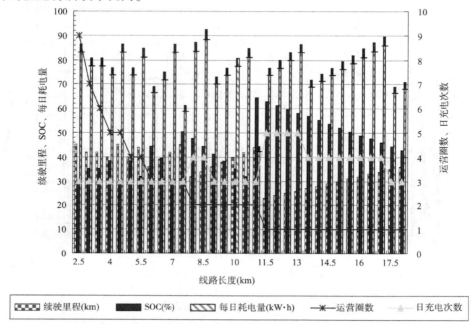

图6-11 快充纯电动车续驶里程-运营圈数-日充电次数交叉分析(25km/h)

从图6-10和图6-11中可以看出,一般情况下,速度慢,续驶里程短;速度快,续驶里程随运营圈数增加而增加。每日耗电总量随速度增大而呈下降趋势,由于>9km的线路受总电量限制,只能一圈返回后充电,续驶里程与线路长度成正比。同时,SOC呈递减形式,从而使每日耗电量是线路长度的递增函数,并随速度增加而减少。

续驶里程主要的影响因素是电池容量,但在电池容量一定的条件下,其与电动车的使用关系极为密切,因为纯电动汽车运行的能量全部来源于车载动力电池,最理想的行驶状态是匀速、少加速。电池最忌过充、大电流放电,过充是充电问题,大电流放电是行驶中要注意的问题。在 -20℃ 环境下,锂电池的充电效率和容量与常温时有较大差异,容量下降到40℃时的60%,其一般在45℃左右达到额定设计容量,这时性能最好。

6.4.2 不同用电结构下的速度-线路长度-续驶里程

结合北京市四季温差大的特点,设定快充纯电动公交车4种用电情景。

情景1:节能模式。
情景2:不开空调,只开一组车内灯,LED开,电制动设备正常运转。
情景3:开空调,只开一组车内灯,LED开,电制动设备正常运转。
情景4:开空调,开两组车内灯,LED开,电制动设备运转失灵(耗电增加15%~20%)。

4种情景下微循环线路速度、续驶里程与开行线路长度相关,通过理论测算和与示范运营数据比较,得出如下结论,如图6-12~图6-14所示。

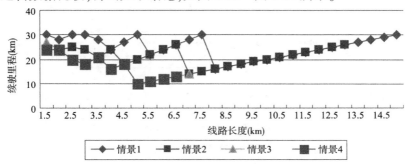

图6-12 不同用电结构情景下的续驶里程(15km/h)

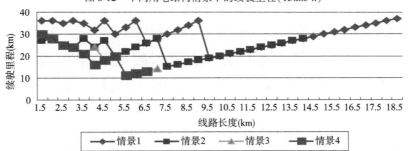

图6-13 不同用电结构情景下的续驶里程(20km/h)

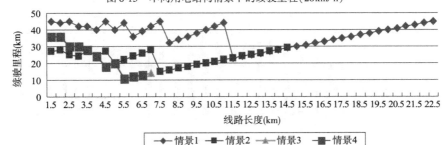

图6-14 不同用电结构情景下的续驶里程(25km/h)

从图6-12~图6-14中可以看出,续驶里程受用电结构影响较大,如果适当调整用电结构,情景1下续驶里程增加至45km,线路长度亦可达到10km。由于微循环线路等级低,不同地区的微循环线路上车辆行驶的速度也不同,所以对速度-线路长度影响下的快充纯电动公交车的日均充电次数影响较大。采用公交调度计划完成里程为120km,测算速度-线路长度-日充电次数三者之间的关系,如图6-15所示。

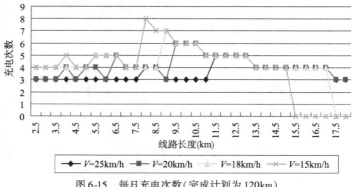

图6-15　每日充电次数(完成计划为120km)

从图6-15中可见,按照公交线路计划完成的公里数会增加每日充电次数,高峰运行模式很难完成,这个计划公里数是不合理的。因此,结合6~8m快充纯电动公交车技术特点进行高峰8h、10h运行相关指标测算是必要的。

6.4.3　不同用电结构下速度-线路长度-日充电次数

由于北京市四季温差大,4种用电情景下的微循环公交线路高峰运行模式(上午3.5h,下午4.5h)速度-线路长度-日充电次数之间的关系测算如图6-16~图6-18所示。

从图6-16~图6-18中可以看出,线路长度≤6.5km时,日充电次数由情景1的2~3次增加至4~5次;但是线路长度>6.5km时,日充电次数由情景1的4~5次增加至6~8次。线路长,则日充电次数多,不宜采用高峰开行模式。

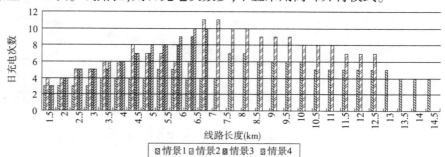

图6-16　线路长度与日充电次数(15km/h)

6 微循环快充纯电动公交车运营理论分析

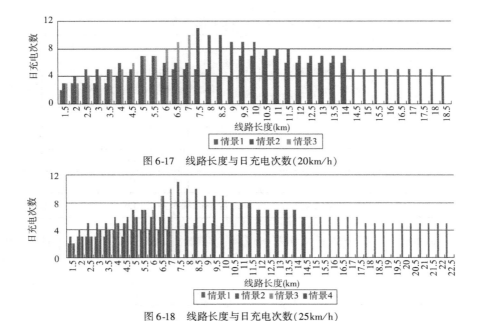

图 6-17 线路长度与日充电次数(20km/h)

图 6-18 线路长度与日充电次数(25km/h)

6.5 微循环快充纯电动公交车适配线路与能耗测算关系

微循环线路既要考虑运力、断面客流量对应的满载率,也要考虑纯电动公交线路运营技术条件。

6.5.1 微循环快充纯电动公交车适配线路测算指标选取

测算基本假设和主要指标见表 6-3 ~ 表 6-8。

测算主要指标　　表 6-3

线路号	定员(人)	高峰小时车次	运力(人次/h)	运量1(人次/h)	运量2(人次/h)	运量3(人次/h)	能耗(用电量)(km·h)	每个单程用电量(kW·h)	每圈用电量(kW·h)	线路长度(km)
1	36	6	144	150	200	250	0.69	1.04	2.07	1.5
……										
43	36	6	144	150	200	250	0.69	1.73	3.45	22.5

注:运行能耗(无空调车,速度23km/h),理论测算运行能耗(无空调车,速度25km/h)。

高峰运行时间、速度和配车信息   表6-4

线路长度(km)	高峰单程点(min)($v=15$ km/h)	高峰单程点(min)($v=20$ km/h)	早高峰配车数	晚高峰配车数	早高峰小时车次	晚高峰小时车次	各站停时	首末站停时	实际速度与线路长度下的续驶里程			
									$v=25$ km/h	$v=20$ km/h	$v=18$ km/h	$v=15$ km/h
1.5	12	10.5	6	6	4	4	6	6	45	42	30	21
2	14	12	6	6	4	4	6	6	48	44	36	28
2.5	16	13.5	6	6	4	4	6	6	45	35	30	30

6~8m 电动公交车不同速度下能耗系数等信息   表6-5

电耗(km·h)($v=25$km/h)	电耗(km·h)($v=20$km/h)	电耗(km·h)($v=18$km/h)	电耗(km·h)($v=15$km/h)	车容量(人/车)	电容量(kW·h)	每公里耗电量(kW·h)	可用比例	续驶里程(km)
0.64	0.58	0.71	0.713	36	41.4	0.5~0.6	0.7	80

基于运力和断面流量的发车间隔测算   表6-6

	发车间隔1(min)				发车间隔2(min)			发车间隔3(min)		
运量1不变	满载70%	满载60%	满载55%	运量2不变	满载70%	满载60%	满载50%	运量3不变	满载70%	满载60%	满载50%
15	10.08	8.64	7.92	14.4	7.56	6.48	5.4	10.8	6.048	5.184	4.32

不同运行速度下司乘8h配班的周转时间等相关参数   表6-7

每圈运行时间(min)	圈数	SOC对应圈数	续驶里程运行时间(min)	总耗电量(km·h)	充电时间(min)	高峰运行圈数	实际运行圈数	实际运行总时间(min)	充电次数	日总充电时间(min)	日完成公里数(km)	高峰运行7h完成公里数(km)
15.2	15	16	211.2	30.72	7.3	30	31.58	471.2	2	14.6	93	87
17.6	112	12	187.2	30.72	7.3	26	27.27	475.2	3	21.8	108	100
20	9	10	180	32	15.1	23	24.00	480	3	45.4	120	110

注:1. 耗电系数按照速度25km/h计算;
  2. 假定采用双枪充电;
  3. 实际运行圈数在计算中取整;
  4. 充电次数为高峰实际运行的充电次数;
  5. 日总充电时间为高峰实际日总充电时间;
  6. 日完成公里数为高峰运行8h实际日完成公里数。

用电结构影响下运行的续驶里程和耗电量相关参数　　　表 6-8

情景2 耗电 系数	情景2 SOC 对 应圈数	情景2 充电 次数	情景2 高峰运行 里程数 (km)	情景3 耗电 系数	情景3 SOC 对 应圈数	情景3 充电 次数	情景3 高峰运行 里程数 (km)	情景4 耗电 系数	情景4 SOC 对 应圈数	情景4 充电 次数	情景4 高峰运行 里程数 (km)
0.713	14	2.0	93.0	1.10	14	3.0	93.0	1.12	13	3.0	93.0
0.713	11	2.0	108.0	1.10	10	3.0	108.0	1.12	9	3.0	108.0
0.713	9	2.0	120.0	1.10	8	3.0	120.0	1.12	7	4.0	120.0

6.5.2 适配线路与耗电量的关系

线路与耗电量的匹配关系主要是分析线路长度对应的计划每日行驶里程的总能量，同时要考虑不同用能结构和不同季节下的线路运行长度。由于道路工况不同，微循环线路上车速也不同，可采用 25km/h、20km/h、15km/h 等速度，依据续驶里程和剩余电量的限制，得到最佳续驶里程。从充电次数角度考虑，2 圈充一次电对应的线路长度为 7.5~11km。具体测算按照高峰运营 8h 或 10h 模式，结果如图 6-19 ~ 图 6-23 所示。

1. 4 种情景下的速度-线路长度-耗电量(8h 运行)

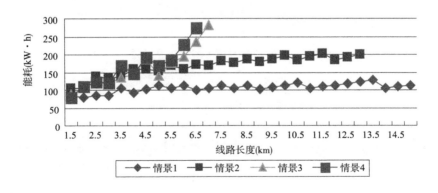

图 6-19　线路长度与耗电量(15km/h)

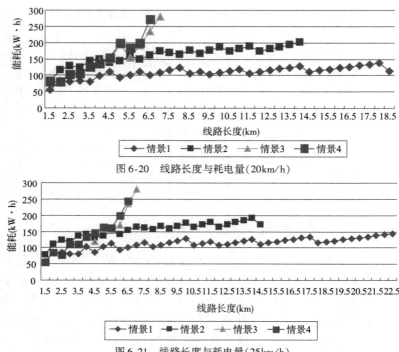

图 6-20　线路长度与耗电量（20km/h）

图 6-21　线路长度与耗电量（25km/h）

2.4 种情景下的速度-线路长度-耗电量（10h 运行）

图 6-22　线路长度与耗电量（15km/h）

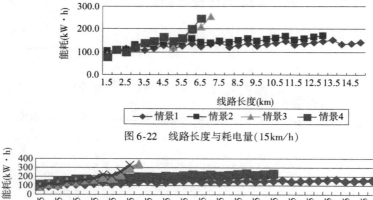

图 6-23　线路长度与耗电量（20km/h）

7 微循环快充纯电动公交车实施分析

7.1 微循环快充纯电动公交车适配线路选择

纯电动车用电结构会影响每日充电次数。集中充电期间运营车辆有时会出现不足,因此需要增加配车数量。那么如何计算集中充电期间的配车数呢?主要步骤如下:

第一步,确定发车间隔。一般高峰运行的微循环线路的发车间隔分别为6min、8min、10min。

第二步,针对纯电动车不同速度下的SOC对应的运行时间,构建集中充电时间(符合多服务台顾客相继到达的独立同分布排队系统),形成充电桩的配置问题;考虑到快充的最长充电时间为20min,那么集中充电车辆数为6~8辆,但是影响运营调度的只有前面的3辆。构建充电时间与发车间隔二维表格,见表7-1。

影响调度配车的时间表　　　　表7-1

发车间隔(min)	充电时间(min)		
6	20	26	32
8	20	28	36
10	20	30	40

第三步,对于前面充电的两部车辆,在26min、28min、30min内需要增加车辆,见表7-2("[ ]"为取整数的意思)。

调度增加配车数量　　　　表7-2

发车间隔(min)	充电时间(min)		
	26	28	30
6	4或[26/6]	4或[28/6]	5或[30/6]

续上表

发车间隔(min)	充电时间(min)		
	26	28	30
8	3 或[26/8]	3 或[28/8]	3 或[30/8]
10	2 或[26/10]	2 或[28/10]	3 或[30/10]

第四步,最小新增车辆数计算。

第五步,最大新增车辆数计算。

需要特别注意的是,不同速度下的集中充电时间是不同的,重点考虑一年四季最省电时间、情景1、情景3和情景4下的集中充电时间,可得:

(1)上、下午各充电1次情况下,集中充电时间为10:00—11:00。

(2)上、下午各充电2次情况下,集中充电时间分别为8:00—9:00、10:00—11:00。

(3)上、下午各充电3次情况下,集中充电时间为7:00—8:00、8:00—9:00、10:00—11:00。日四次充电的增加车辆采用第四、第五步的结果;日六次充电采用前述增加车辆基础上再把增量的50%作为补充增加车辆数。

关于充电桩的数量配置,实际运用中原定的车桩比为3.3:1,考虑到冬、夏季的用电结构变化带来配车数的增加和集中充电高峰车辆数的增加及充电频次的增加,因此充电桩的配置采用多服务台、排队长为2的排队系统,8~12辆车需要4个充电桩,12辆车以上需要5个充电桩。多条线路共用充电桩,应设置折减系数,形成车桩比关系。

福田6.5m纯电动公交车总电量41.4kW·h,电量的30%为报警位电量即12.42kW·h,相关参数计算方法为:

(1)每公里能耗。采用两种方式测算:其一,统计抽样的每公里能耗平均值和区间范围结果;其二,已知速度值,选定一条线路测得线路长度下的能耗平均值和区间范围结果。

(2)运行圈数。总电量 − 30% 电量 − (单程运行公里数 × 每公里耗电量 × 2) × $n \geq 0$,即可用电量为 41.4 − 12.42 = 28.98kW·h,其中 n 为圈数。

(3)实际剩余电量SOC。SOC = [总电量 − (单程运行公里数 × 2 × 每公里耗电量) × n]/41.4 × 100%。

结合北京市微循环线路布设特点,为推广6~8m快充纯电动公交车运用,对微循环线路长度和道路工况下的多种速度情景进行设计,给出6~8m快充纯电动公交车适配线路长度不宜超过10km。通过不同速度和不同用能结构下车辆运用对比,得出6~8m快充纯电动公交车采用早高峰和晚高峰两个时段的高峰运行模式,可以有效地解决居民通勤接驳出行需求,并采用早、晚高峰结束后各充电一次的方式。

给出线路长度与充电桩需求,按照充电桩每日的工作时间、每次充电时间10~15min、间隔2min估算高峰集中充电所需的充电桩数量。对于每圈都充电的线路,考虑首末站布设充电桩。

最后,关于线路长度选择,若线路选择路段较少,运行时间较短,则可在一定程度上减小居民在车成本,但公交线路辐射到的居民数量也因此减少,导致相当一部分居民走行时间上升,并不能达到微循环线应有的良好效果。反之,微循环线路较长,绕行距离较远,公交线路站点的可达性会大大提升,在车延误也会因此增加。因此,从具体路段的选择角度出发,又可细分为考虑时间约束的路径生成策略和使线路潜在客流需求最大的路径生成策略两方面。也正因为上述两者之间悖反关系的存在,才考虑进一步从系统的角度出发,将社区居民出行走行成本、在车成本、候车成本及公交企业运营成本全部兼顾在内,最终生成总成本最低条件下的微循环纯电动公交线路策略。

7.2 微循环快充纯电动公交运营线路选择分析

由于6~8m快充纯电动公交车的车辆运营系统全部是电力驱动,即车辆行驶和车内照明、空调和路签信息显示都由电力驱动,该车总电量为41.4kW·h,因此,微循环线路长度选择非常重要。

7.2.1 节能情景下微循环纯电动车主要参数分析

在节能理想用电情况下,即不开空调、不开车内路签显示情况下测算在SOC允许条件下,全部电量用于行驶能耗得到的不同速度对应的线路长度和续驶里程对应关系,如图7-1所示。

从剩余电量利用统计中(图7-2)可见,短线路电量利用充分,SOC少,长线路运行圈数少,SOC值大,采用及时补电方式运行。相应每日总耗电量表明,线路长度与速度对应的最佳线路长分别为:25km/h对应耗电的运营线路公里数最佳区间为[2km,18km],最佳长度为11km;20km/h对应耗电的运营线路公里数最佳区间为[2km,18km],最佳长度为9km;18km/h对应耗电的运营线路公里数最佳区间为[4.5km,8.5km];15km/h对应耗电的运营线路公里数最佳区间为[3.5km,7.5km]。

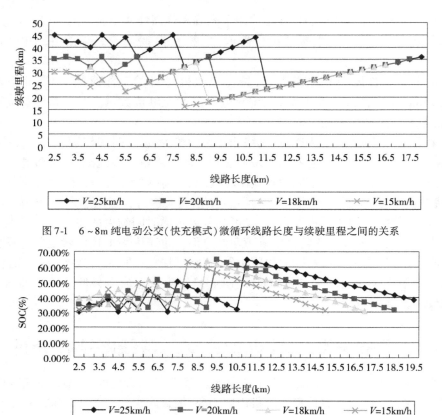

图 7-1　6～8m 纯电动公交(快充模式)微循环线路长度与续驶里程之间的关系

图 7-2　6～8m 纯电动公交车剩余电量 SOC 与续驶里程之间的关系

理想状况下 SOC 在 30%～40% 为最佳利用时期,速度大于 20km/h,线路长度可以达到 18km。

7.2.2　冬季极端天气微循环纯电动车主要参数分析

北京冬季温度低(最低温度为 -15℃ 左右),电池充电困难,同时车辆运行中需要开暖风,用电量较大,这使车辆的续驶里程和线路长度都受到影响。假设冬季最低温度情况下早晚高峰时开暖风至少运行两圈,并且有车内照明和路签显示的用电结构下,测算 6～8m 微循环线路运行的相关参数,如图 7-3 所示。

图 7-3 表明,冬季用电结构(暖风、照明、路签和行驶用电)下续驶里程对应的最长线路为 6.5km。图 7-4 表明,在线路长度小于 5km 时,SOC 均在 30%～40%,而线路长度大于 5km 时,续驶里程对应的圈数减少,SOC 在 30%～50%。

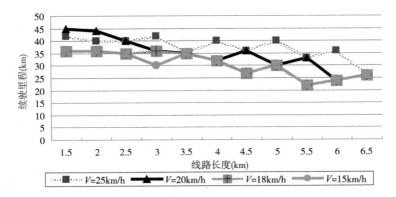

图 7-3 冬季用电结构下 6~8m 纯电动公交车线路长度与续驶里程之间的关系

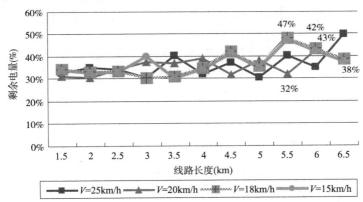

图 7-4 6~8m 纯电动公交车剩余电量与线路长度之间的关系

注:速度小于 20km/h 时,在 5.5km 以上长度开暖风和显示路签,只能一圈一充电。

7.2.3 北京市不同月份气温条件下电动车耗电分析

环境温度对电动汽车的能耗有一定的影响,一方面锂离子电池在不同温度条件下的内阻会有一定的差别;另一方面电动车辆本身由于空调或加热系统的使用,能量消耗会有一定的差别。根据相关理论测算和示范运行统计数据,测算出不同季节北京市电动公交车的耗电量变化,见表 7-3。

北京市不同季节电动公交车的耗电量　　　表 7-3

月份	1月	2月	3月	4月	5月	6月
日均最低气温(℃)	-9	-6	0	8	14	19
日均最高气温(℃)	2	5	12	20	26	30

续上表

月份	1月	2月	3月	4月	5月	6月
耗电量(kW·h/km)	1.336	1.246	1.231	1.191	1.197	1.245
月份	7月	8月	9月	10月	11月	12月
日均最低气温(℃)	22	21	15	8	0	−6
日均最高气温(℃)	31	30	26	19	10	3
耗电量(kW·h/km)	1.365	1.377	1.247	1.217	1.244	1.324

不同月份的耗电情况可为纯电动车在北方运用的能耗分析提供一定的参考。

7.3 微循环快充纯电动公交车示范效果

截至2019年底，北京公交集团微循环线路（"专"字头）超过80条，线路总长度492km，平均线路长度6.1km；配车604部，平均每条线路配车8部；日均发车1.1万车次，日均运送18.9万人次，接驳34个地铁车站，方便216个小区居民出行。

7.3.1 示范线路走向分析

以下是几个典型的微循环纯电动公交车运行线路。

1. 专161路

首末站：方庄东路环行（图7-5）。

加强方庄东路公交服务能力，解决群星路1.5km有路无车问题，方便沿途居民换乘地铁5号线。

2. 专162路

首末站：方庄东路环行（图7-6）。

加强方庄东路公交服务能力，方便紫芳园小区居民换乘地铁5号线。

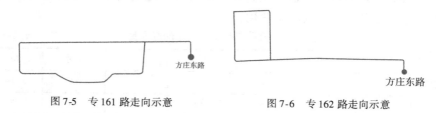

图7-5 专161路走向示意　　　　图7-6 专162路走向示意

3. 专163路

首末站：大红门锦苑小区—大红门桥（图7-7）。

方便久敬庄地区居民出行，解决久敬庄路1km有路无车问题。

4. 专169路

首末站：西红门公交场站—欣旺北大街（图7-8）。

方便欣荣北大街沿线理想城等小区居民换乘地铁大兴线，解决欣荣北大街1.6km有路无车问题。

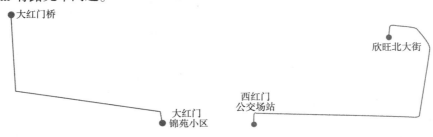

图7-7 新开专163路走向示意　　　　图7-8 新开专169路走向示意

5. 专164路

首末站：双花园西里—大北窑南（图7-9）。

方便双花园社区居民出行，接驳地铁10号线、1号线，解决天力街1.1km道路有路无车问题。

6. 专165路

首末站：双花园西里—八王坟南（图7-10）。

方便苹果社区、百子湾路周边居民出行，接驳地铁10号线、1号线，解决九龙山路、黄木厂路、百子湾路1.8km有路无车问题。

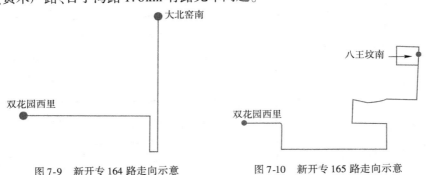

图7-9 新开专164路走向示意　　　　图7-10 新开专165路走向示意

7. 专167路

首末站:四惠枢纽站—高碑店桥东(图7-11)。

8. 专166路

首末站:北京华侨城—金蝉北路西口(图7-12)。

方便翠城小区居民出行,接驳地铁7号线,解决南杨庄路、武基街等2km道路有路无车问题。

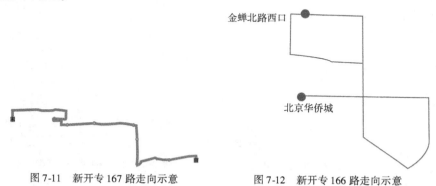

图7-11 新开专167路走向示意　　　图7-12 新开专166路走向示意

7.3.2 微循环示范纯电动公交车线路配车方案

部分示范线路运行基本信息见表7-4。

微循环纯电动公交车示范线路基本信息　　表7-4

线路	首末	末站	平均路线长度(km)	配车数(辆)	计划日均发车次数	日均运送人次	接驳地铁线	每日车次	每小时运转次数
专163	大红门锦苑小区	大红门桥	6.6	6+4	78	914		11.1	1.5
专169	西红门公交场站	欣旺北大街	4.3	6+2	144	513	4号	18.0	2.4
专164	双花园西里	大北窑南	4	4	88	313	1号、10号	22.0	2.9
专166	北京华侨城	金蝉北路西口	4.5	6	120	613	7号	20.0	2.7
专36	地铁传媒大学站	地铁传媒大学站	5.8	4	54	155	八通	13.5	1.8

续上表

线路	首末	末站	平均路线长度(km)	配车数(辆)	计划日均发车次数	日均运送人次	接驳地铁线	每日车次	每小时运转次数
专167	四惠枢纽站	高碑店桥东	6.1	6	108	1255	1号	18.0	2.4
专165	双花园西里	八王坟南	6	6	90	395	1号、10号	15.0	2.0
专12	五道口公交场站	五道口公交场站	6.4	3	43	379		14.3	1.9
专161	方庄东路	方庄东路	6.9	6+2	78	434	5号	9.8	1.3
专162	方庄东路	方庄东路	6.9	6+1	72	597	5号	10.3	1.4

注:1. 示范线路基本信息表以2015年3月行车计划为准;
  2. 专12、专161、专162为环线。

7.3.3 示范线路效果分析

下面以2014年12月至2015年3月运营的10条微循环纯电动公交线路为例进行示范效果分析。

1. 社会效果

2014年底初次开通的4条微循环线路(专161路、专162路、专163路、专169路)方便了紫芳园、芳星园、锦苑小区、理想城等小区居民出行,接驳地铁5号线、大兴线,解决了群星路、芳群路、久敬庄路、欣荣北大街共计4.6km道路有路无车问题。

2015年1月15日起又开通专164路、专165路和专166路,线路长度都不超过10km,配车均为新型6m纯电动公交车,方便双花园社区、百子湾路周边社区、翠城等多个小区居民的出行。

线路的开通有效解决了大型社区居民的出行问题,受到市民的广泛好评。

2. 运营服务效果

微循环线路的主要功能是接驳轨道交通线路。以居住区、商业区为主的地区通勤、通学等高峰客流往往呈现密集的单向特征,尤其是专163路、专169路线路单向客流量大,所以发车间隔小,配车数量多,高峰发车间隔以6min为主,配车数量分别为6+4辆、6+2辆。

3. 微循环纯电动公交车高峰开行方案

可根据不同区域客流出行时间特征,将运营线路分为全日线路和高峰线路。全日线路:实行连续的营业时间,兼顾高峰通勤客流和低峰客流,是微循环线路主要的线路类型,覆盖地铁站周边主要道路,主要承担接驳客运任务。高峰线路:早晚高峰时间运营,低峰停驶,营业时间一般为工作日 6:30—9:30,16:30—19:30,郊区高峰线运营时间应早短晚延。高峰线路是对全日线路的补充,加大了社区主要客流点的运力配备,进一步方便市民通勤出行。

目前,北京市区采用的是高峰时段开行方案。以北京公交集团客运二分公司为例,该公司微循环纯电动公交车是早晚高峰运行,每天运行 7.5h 左右,线路包括新开线路和传统柴油车替换线路,载客量、运营里程、耗电量见表 7-5 ~ 表 7-7。

2015 年 1~6 月部分纯电动公交车收入   表 7-5

参数	1月	2月	3月	4月	5月	6月	合计
人次	35216	42356	60416	70948	68288	75803	353027
收入(元)	36501.8	44111.65	62719.85	73770.8	70837.45	78455.5	366397.05

2015 年 1~6 月部分纯电动公交车运营里程、耗电量等统计   表 7-6

线路	里程(km)					
	1月	2月	3月	4月	5月	6月
专161	5743.3	7401.9	10083.9	10324.3	9102.5	10620.2
专162	6452.9	7841.4	9599.1	9753.5	9379.6	10194.2
专163	8157.6	9781.2	10810.8	10810.8	10091.4	11140.3
专164	9741	11526	12805	12852	12321	12448
合计	30094.8	36550.5	43298.8	43740.6	40894.5	44402.7
线路	耗电量(kW·h)					
	1月	2月	3月	4月	5月	6月
专161	5185.81	4860.8	5065.6	5039.8	5083.3	6388.7
专162	4789.1	4705.9	4544.4	4938.8	5203.5	5869.4
专163	5187.7	8452.9	6896	5633.3	6059	6808.7
专164	3630.2	4065.6	4927.8	4544	4532.9	4901
合计	18792.81	22085.2	21433.8	20155.9	20878.7	23967.8

2015 年 1~6 月部分纯电动公交车运营公里数、耗电量等统计 表 7-7

线　　路	公里数总计 （km）	耗电量总计 （kW·h）	百公里耗电量 （kW·h）
专 161、专 162	114775.1	83610	72.85
专 163	59762.5	51080	85.47
专 164	65669.8	40080	61.03
合计	240207.4	174770	72.76

在扣除造价成本的情况下对比油电技术经济性，纯电动车运营成本较低，为 101.2 元/百公里（充电耗损分析），柴油车为 300 元/百公里。

示范线路每公里能耗随机抽样和累积百分比统计如图 7-13、图 7-14 所示。

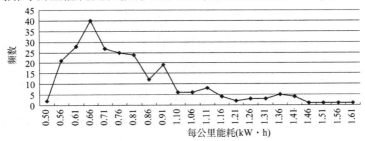

图 7-13　微循环示范线路每公里能耗随机抽样示意

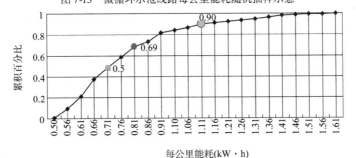

图 7-14　微循环示范线路每公里能耗累积百分比示意

7.3.4　示范运行技术特点

6~8m 快充纯电动公交车在微循环线路上运行跟踪数据表明，高峰运行的模式下，日均行驶所完成公里数为 85~110km；单程线路高峰上午 5~7 圈结束后充电，下午 5~6 圈结束后充电，日均运行 9~11 圈；环线每日平均运行 13~16 圈；线路满载率均超过 75%。从专 36 路线路原来采用 12m 柴油车替换成纯电动车的效能对比可知,客座利用率提高了,同时能耗有所降低。

总之,微循环纯电动公交车高峰开行方案示范线路,形成以下特点:

(1)微循环线路空间布设以服务社区和中心商务区、交通枢纽站及地铁站周边地区形成的短途客流和大客流为主。

(2)在高峰小时出行需求大的地区,满足客流需求的同时,结合车辆剩余电量情况,可不用返场站掉头折返继续投入下一圈运行,灵活方便。

(3)考虑到不同空间上城市道路的拥堵程度差异较大,在线路长度选择和充电设施布设上要形成不同速度下的差异性配车方案。

(4)考虑到微循环线路非直线系数大,充电桩尽量设在首末站。线路一端布设充电桩情况下,车桩比为3:1;当线路长度大于5km时提高车桩比至4:1,同时可考虑在线路两端增设充电桩,扩大服务半径。

除此之外,微循环线路运营组织中存在的问题主要表现为:

(1)接驳场站不足。接驳场站是线路运营组织的基础,是实现不同方式、不同方向客流衔接换乘的必要条件。接驳场站不足,就不能布设合理的公交线网,运营质量无法保证,换乘秩序难以维护。目前地铁站周边及许多大型社区配套的微循环线接驳场站主要存在能力不匹配、规划缺失、建设滞后三类问题。

(2)衔接路网不完善,主要表现为规划设计预留条件不匹配、道路网建设滞后。

8 微循环纯电动公交车线路大规模运用分析与建议

8.1 电动车维修保养成本比较分析

以北汽 E 系列的燃油车为例,在行驶至 5000km 时,需要对车辆进行保养。保养项目主要是更换机油和机油滤清器。

机油对发动机有润滑、抗磨损作用,此外还有冷却、清洁、防锈、防腐蚀、防氧化等作用。机油不仅能延长发动机的使用寿命,还能节省燃油。如果机油出现问题,会造成发动机磨损,降低发动机寿命,严重时还可能出现"拉缸"情况。机油滤清器过滤机油中的杂质,还包括发动机运转时产生的尘土、碎屑,从而保持机油的清洁,延长使用寿命。因此,机油和机油滤清器是最容易出现问题的地方,所以每5000km 就要保养一次。

8.1.1 电动车保养成本分析

以北汽 E 系列燃油汽车为例,每辆车更换机油需要花费 148 元,更换机油滤清器需要 23 元,外加 60 元的工时费,总共需要 231 元。

1 万 km 燃油车保养费用超过 500 元。当燃油汽车行驶至 1 万 km 时,需要保养的项目就会增加,除了要再次更换机油和机油滤清器外,还需要更换汽油滤清器、空气滤清器和齿轮油。

汽油滤清器是燃油滤清器的一种,燃油滤清器根据车辆所需燃料的不同分为柴油滤清器、汽油滤清器和天然气滤清器。一般家用汽车都是汽油滤清器,其作用是对燃油进行过滤,吸取水分和杂质,保证燃油正常使用。空气滤清器是对发动机工作时吸入的空气进行过滤。空气中悬浮的尘埃进入气缸,会加速气缸和活塞的磨损,也会影响汽车尤其是发动机的寿命。齿轮油是专门保护传输动力零件的油液,保证传动机件磨损小和预防其损伤,提高传动效率,保证汽车易于起步(尤其是冬季的启动)。为了延长齿轮的使用寿命,需要定期更换齿轮油。

燃油汽车每行驶 1 万 km,就需要对上述三项进行保养。也就是说,在 231 元的机油和机油滤清器保养的基础上,还需更换汽油滤清器 34 元(外加工时费 15 元)、更换空气滤清器 46 元(外加工时费 40 元)、更换齿轮油 80 元(外加工时费 60 元)。这样车辆行驶 1 万 km 累计花费 506 元保养费用。

以此推算,燃油汽车的行驶里程超过 1 万 km 后,每增加 5000km 需要进行一次 231 元的保养项目,每增加 1 万 km 则需要进行一次 506 元的保养项目。按照每年 2 万 km 的行驶里程计算,一辆燃油汽车一年的保养花费大致为 1474 元。

同为北汽 E 系列的电动汽车的保养项目及花费则远远少于燃油汽车。由于电动汽车没有发动机,也就不需要更换机油和"三滤"(机油滤清器、燃油滤清器、空气滤清器),所以在保养时不仅省去了每 5000km 更换机油和机油滤清器的费用,还省下了 1 万 km 时更换燃油滤清器、空气滤清器和齿轮油的费用。

纯电动汽车是通过电池组带动机械工作,因此保养时要检查高压电气部件。电动汽车在行驶至 1 万 km 时,开始需要保养。保养项目为检查高压电气部件和更换齿轮油,两项加在一起的费用为 320 元。电动汽车的行驶里程超过 1 万 km 以后,每增加 1 万 km 需要再进行一次保养。行驶至 2 万 km 时需要再次对高压电气部件进行检查,但不用更换材料,仅收取工时费 120 元。也就是说,当电动汽车行驶至 1 万、3 万、5 万 km 时需要进行 320 元的项目保养,行驶至 2 万、4 万、6 万 km 时需要进行 120 元的项目保养,以此类推。按照每年 2 万 km 的行驶里程计算,一辆电动汽车一年的保养花费大致为 440 元。同燃油汽车相比,电动汽车的保养项目少了 3 项,费用少了 1034 元,见表 8-1。

燃油车与电动汽车保养成本对比 表 8-1

项目	里程(km)	保养内容	费用
燃油汽车	5000	(1)更换机油; (2)更换机油滤清器	(1)148 元; (2)23 元; 外加 60 元的工时费,共 231 元
	10000	(1)更换机油和机油滤清器; (2)更换机油滤清器; (3)更换汽油滤清器; (4)更换空气滤清器; (5)更换齿轮油	(1)231 元; (2)34 元(外加工时费 15 元); (3)46 元(外加工时费 40 元); (4)80 元(外加工时费 60 元); 共 506 元保养费
电动汽车	10000	检查高压电气部件,更换齿轮油	320 元
	20000	对高压电气部件进行检查,但不用更换材料	120 元

由此看来,电动汽车的保养花费还不到燃油汽车的 30%,仅在保养上面,电动汽车就可以节省 1000 余元。

以比亚迪电动出租车 E6 为例,和传统燃油出租车保养费用相比,结果见表 8-2。

传统燃油出租车与比亚迪电动出租车 E6 保养费用对比　　　表 8-2

参　　数	传统燃油出租车	E6 纯电动出租车
年保养次数	26	15
平均每次保养费用(元)	350	500
年保养费用(元)	9100	7500
保养标准	首保后每 5000~7000km 保养一次	首保后每 10000km 保养一次
保养主要项目	机油、齿轮油、汽油滤清器、空气滤清器、机油滤清器、制动液、转向液、防冻液	负荷齿轮油、制动液、转向液、防冻液

注:传统燃油出租车维护费用参照哈尔滨出租车数据估算。

8.1.2　电池维护费用估算

对于电动汽车动力电池的维护费用,目前国内还没有相关研究,本书以电池的可靠性理论为基础对电池维护费用进行估算。计算公式如下:

$$CM_1 = \text{flour}\frac{T}{\text{MTTF}}(P + CM_{\text{CCRC}}) \tag{8-1}$$

式中：　　T——电动汽车的使用年限,年;

　　　　MTTF——电池的使用年限,年;

flour(T/MTTF)——T 时间内所需更换的电池组件数量,组;

　　　　P——电池单价,万元;

　　　　CM_{CCRC}——设备更换时所耗人工、材料费,万元。

8.1.3　纯电动车全生命周期经济性分析

发展新能源公交车的最大优势在于降低使用成本。根据《机动车强制报废标准规定》,各类公交车在整个生命周期的平均行驶里程为 40 万 km。同时,根据北京市 2019 年柴油价格和电力价格,可计算确定混合动力公交车(Hybrid electric buses,HEB)和纯电动公交车(Battery electric buses,BEB)在生命周期内的使用成本。

北京公交公司的统计和调研结果显示,每辆柴油公交车的年维修费用约为 8800 元,车况好的传统柴油公交车(CDB)一年的维修费用为 0.8~1 万元,车况较差的一年的维修费用超过 1.5 万元。本书假定柴油公交车前两年的车况较好,后续使用年份的车况较差,第一年的维修费用为 0.8 万元,第二年的维修费用为 1 万元,第三年和以后各年的维修费用以 1.5 万元进行估算,则全生命周期的维修费用为 10.8 万元。HEB 由于多一套动力系统,维修费用每年要比 BEB 多 10%~20%(本书假定为 20%),结合对柴油车的维修费用调研结果,可以得到 HEB 前两年的维修费用分别为 0.96 万元和 1.2 万元,以后每年按 1.8 万元进行计算,综合得到全生命周期的维修费用为 12.96 万元。BEB 的维修保养包括对电池、电机等的日常维护,电池维护成本约为 0.5 元/100km,对电机、电子控制系统及机械等进行维护保养的成本为 0.5 元/百公里。

纯电动汽车与柴油汽车全生命周期使用成本变化趋势见表 8-3。

纯电动汽车与柴油汽车全生命周期使用成本变化趋势 表 8-3

电动汽车(EV)	2006—2010 年	2011—2015 年	2016—2020 年	2021—2025 年	2026—2030 年
电池总容量(kW·h)	16	24	48	80	112
电力价格(元/kW·h)	0.48	0.60	0.74	0.95	1.16
单位里程耗电量(kW·h/km)	0.18	0.15	0.12	0.08	0.05
电动汽车耗电成本(元/车)	43200	45068	45055	37594	29500
单位电池容量成本[元/(kW·h)]	5025	2512.5	871	502.5	201
电池组成本(元/车)	80400	60200	41808	40200	22512
电池组生命周期(年)	4	8	15	19	19
电池组更换次数(次数/全生命周期)	4.0	2.0	1.0	0.8	0.6
全生命周期耗电量和电池总成本(元/车)	456456	225978	128771	109631	69784
柴油汽车	2006—2010 年	2011—2015 年	2016—2020 年	2021—2025 年	2026—2030 年
汽油价格(元/L)	6.6	8.5	10.2	11.0	11.8

续上表

电动汽车(EV)	2006—2010 年	2011—2015 年	2016—2020 年	2021—2025 年	2026—2030 年
单位里程耗汽油（L/km）	0.050	0.039	0.031	0.024	0.020
全生命周期行驶里程(km)	500000	500000	500000	500000	500000
柴油汽车燃料使用成本(元/车)	165000	167550	158356	133574	117738
使用成本比较（电动汽车 – 柴油汽车）(元)	291456	58427	-29585	-23943	-47954

8.2 电池寿命匹配分析

快充纯电动公交车的寿命,可根据电池的充放电次数和电池日常运营充放电次数进行推算(表 8-4)。

电池的充放电次数和电池寿命分析　　　　表 8-4

日充电次数	年充放电次数(次)			
	15000	25000	30000	40000
6	9.6	16.0	19.2	25.6
8	7.2	12.0	9.6	16.0
8	7.2	12.0	9.6	16.0
10	5.7	9.6	11.5	15.4

注:节假日不运营,全年运营天数为 260 天。

可知快充电池的使用寿命和公交车使用年限基本相同。

8.2.1 电池容量与车型匹配

根据北京市微循环纯电动公交车示范运行线路情况,得到动力电池带电量直接影响车型运用效果。同时,在对国内外电池研发情况进行调研的基础上,给出电池电量的未来两种情景设定:其一,6~8m 车型电池电量增加到 50kW·h;其二,车型扩大到 8.5m,带电量增加到 82.7kW·h。

1. 6~8m 车型电池电量增加情景

按照现有 4 个速度等级和 6.4.2 中 4 个用电结构情景,得到微循环线路长度范围,见表8-5。

6～8m车型电池电量增加的微循环线路长度(单位:km)　　　表8-5

速度(km/h)	情景1	情景2	情景3	情景4
V=25	20.5	18	9.5	9
V=20	18	15	12	10
V=18	18	14	10	7
V=15	15	13.5	10.5	9

2. 采用带电量增加的8.5m车型情景

按照现有4个速度等级和6.4.2中4个用电结构情景,得到微循环线路长度范围,见表8-6。

采用带电量增加的8.5m车型的微循环线路长度(单位:km)　　　表8-6

速度(km/h)	情景1	情景2	情景3	情景4
V=25	42	38.5	19.5	18
V=20	39	32	25.5	21.5
V=18	39	30	15	14
V=15	39	30	20	19.5

8.2.2 电池的多种技术

1. 电池与电容相结合技术

超级电容具有充电快、无记忆充放电、充放电循环次数高、无二次污染等优异特性,但有放电快的缺点;锂离子电池具有储电量大、储存时间长的优点,但充电时间比较长。取两者之长,结合起来使用在电动汽车上,可具有传统纯电动汽车的"电代油"和"零排放"主要优点,还具有一次充电行驶距离长(可达300km)、速度快(可达100km/h)、行驶过程中能量回收效率高等优点。目前已有富士重工和NEC联合开发的"锂离子电容器",能量密度达30W·h/kg,为先前电容器的4倍。我国上海瑞华集团研制了环保型混合电能超级电容电动汽车。

2. 高度集成化电池和360°聚光太阳能电池车载充电技术

高度集成化(CTC)电池和360°聚光太阳能充电技术可克服电动车补充电能困难与续驶里程短的缺陷,可使续驶里程提高至400km,并能延长电池的使用寿命。

3. 电动轮技术

电动轮亦称轮内电动机(In-Wheel Motor)。目前大部分重型矿用自卸汽车所采用的电动轮是直流电动机,而第二代纯电动汽车所采用的是交流传动系统。其工作原理是：交流传动系统中的永磁式三相同步伺服交流电动机紧凑地收藏于车轮内，电动机的转子通过转子托架与车轮轮毂相连，而轮毂支撑于转向节上，轮胎随同电动机的转子一同旋转；而电动机的定子则通过定子托板、轮毂、转向节连接于车身上。该电动机的转子为永久磁铁，当向电动机的定子线圈中通以交流电流时，定子便会产生旋转磁场，使永磁式转子连同轮胎一起旋转，即整个车轮旋转起来。目前已有三菱公司与东洋公司合作开发的用于蓝瑟（Lancer）四轮驱动纯电动车的电动轮。每个电动轮的最大功率为50kW，最大扭矩为518N·m，最高转速为1500r/min，一次充电的行驶里程可达250km，最高车速可达到150km/h。

8.2.3 蓄电池技术还需进一步发展

目前，锂离子电池应用于电动车的研究，包含电池寿命机理（高功率电池老化特征、老化电池诊断、老化电池电化学模型、电池寿命预测方法开发）、电池的低温性能表现（低温性能特点、低温电解质模型、低温性能模拟）、容许偏差、过热偏差、过负载偏差、检查诊断与降低电池成本（材料筛选与开发、低成本制造）等，而长期探索研究主要集中在系统与材料两方面。

一方面，各企业所公布的大部分纯电动汽车蓄电池实验室测试数据，如加速性能、充电时间、持续里程数等，还须在复杂的外部环境运行下，进一步验证其可靠性。另一方面，在我国锂离子电池生产中，锂离子电池所需隔膜材料未能有实质性的突破，全部依靠进口，价格昂贵，占到动力电池成本的30%以上。如果在这一材料上实现规模化生产，即可大幅度降低成本。

此外，有专家认为，从20世纪90年代初各国研究成功的电动汽车来看，虽然蓄电池的比能量比现在的新型电池小，但是各种电动汽车测试达到的各项性能指标，对一般的使用者来说，也是足够的。纯电动汽车所使用的蓄电池组成本一般要占新车造价的1/2，如果需要购车人在几年之内更换蓄电池组，就意味着高额的成本。现在，电动汽车电池比能量已经有了很大的提高，生产蓄电池的材料与蓄电池的结构也取得了很大的进步，加速性能完全能达到或超过今天燃油车的最高水平，但是关键瓶颈仍是电池寿命的问题，一旦取得进步，就可以大大减少电动车的成本。

8.3 电动公交车日常维护管理

8.3.1 整车日常检测与维护

电动公交车的工作环境复杂多变，停车、启动频繁，各零部件会产生不同程度的磨损、变形乃至松动。为保证公交车的正常运行，达到延长使用寿命、降低使用成本的目的，对公交车的检测与维修是必不可少的，主要包括以下三个方面：一是发车前后的检测与维护。检查转向、制动、悬架、传动等主要部件的松紧情况；检查真空管道是否漏气；检查轮胎气压，清除胎上石子等杂物；及时对需要润滑的零部件进行润滑。二是定期性的检测与维护。每行驶一定距离后应检查蓄电池的状态，每月定期进行充电；检查电气系统组成部分的绝缘阻值是否符合要求；检查电气仪表、制动、转向等结构的动作情况，检查轮胎气压，发现不足应及时补充。三是季节性的检测与维护。公交车四季不间断地运行，环境多变。比如冬、夏季节温差较大，在季节来临之前应进行相应的维护，使公交车适应气候的变化。在夏季，就需要避免其在高温下长时间运行，以免电池系统出现问题以及空调开放减少续驶里程。

由于电动公交车不同于传统公交车，其关键组成部分的动力电池系统和驱动电机系统的性能对公交车的使用和安全有很大影响，在公交车的使用过程中会出现一些故障，因此这两部分的检测与维护显得十分重要。

动力电池系统主要由电池模组、电池管理系统、电气及机械系统组成，由于动力电池系统存在高电压和强电流的特性，对安全的高要求使得对动力电池系统的日常检测维护必不可少。比如根据不同的厂家要求，在行驶一定时间或距离后要对电池单体电压进行检测，看是否符合使用标准，防止电压过低造成公交车使用不便。对动力电池系统的日常检测维护主要针对电池箱体，检测内外及组成部件是否有磨损、松动等。电池箱体的检测维护主要是检查外箱的极柱部分是否被氧化，如果出现氧化面，需要清除。极柱一旦出现拉弧或大火烧蚀，必须进行更换。箱体上各端子之间、端子与箱体之间的绝缘阻值要达到标准要求。另外，还需要定期对外箱灰尘进行清理。

对驱动电机系统的检查维护，要在发车前检查水箱防冻液是否足够。驱动电机及其控制器的各零部件是否松动，线束及插件等零部件是否磨损、松动。定期检查驱动电机的水冷管道是否通畅。驱动电机长时间未使用，需要检测其绝缘电阻是否合乎要求。

高压及线束部件包括转换器、高压电器盒、车载充电机、低压电气熔丝盒、低压线束、高压线束等。对它们的检测维护，主要是检查表面是否出现腐蚀破损等，安装支点支架有无变形，螺栓是否松动，低压线束是否布置整齐无松动，固定卡扣有无打开，检查绝缘防磨套管是否破损，低压熔丝盒的锁扣有无锁紧，高压线束离地面高度是否在安全距离内，与其他零部件之间是否存在磨损情况。

定期对车辆进行维护、保养、调整，是延长车辆使用寿命、提高车辆动力性和经济性的有力保障。那么,具体要求驾驶员做些什么呢?

(1) 晚上收车后,务必关闭24V低压蓄电池红色手柄开关(位于车辆右后侧),否则会造成第二天早上电池电量过低不能行车的情况。

(2) 试车检查。检查轮胎气压,查看轮胎损伤和轮胎螺母紧固情况;检查气路管道有无漏气现象;检查指示器(包括仪表、指示灯)的功能是否正常;检查行驶状态和制动性。

(3) 每天出车前,确保高低压电器工作正常,从而保证行驶中乘客安全。

(4) 夏季每两周清洗空调滤网一次,以保证空调的制冷性能。

(5) 为了安全起见,在进行车辆检修、维护、保养时必须先进行以下操作:关闭钥匙开关,取下钥匙,由作业人员随身保管;切断24V电源总开关(红色手柄旋钮)。

(6) 若仅对低压电器进行维修作业且不需行车时,应把挡位开关打到空挡,然后可按一般燃油车方法进行;若仅对机械设备进行维修作业,应在关闭钥匙开关和电源总开关状态下进行。

(7) 车辆所有橙色线为高压线束,非专业人士不能对高压线路、高压元件进行切割或打开。

(8) 在进行一般维修作业时,应严格防止高压线束的绝缘层破损漏电。

(9) 当进行维修作业需要对高压元件进行拆卸时,与厂家联系或由专业高压电工断开舱体内的手动快断器。

(10) 在清洗车辆时,避开高压元件,严禁用水直接冲洗高压元件。

(11) 进行任何焊接操作之前,断开24V电源和快断器,并拔掉CAN总线模块、ABS模块、整车控制器、电机控制器等低压连接线束,否则可能导致电控模块损坏。

8.3.2 电动公交车运行安全保障

在电动公交车的运行中,由于一些不可控的因素造成各种故障乃至危险的时候,需要对电动公交车的安全保障进行预案处理。电动公交车突发事件应急预案的内容包括以下几个部分。

1. 漏电处置

如果在充电过程中发生绝缘报警,应立即关闭充电电源,并拔下充电枪,通知专业人员前来处理。如果在车辆行驶过程中发生绝缘报警,驾驶员须尽快将车靠边并停止行驶,疏导乘客有序下车,在故障解决之前,驾驶员不能强行启动车辆继续前行。

2. 行车异常

如果出现车速异常等紧急情况，应先关掉低压电源总开关，切断低压电源，再将后舱的手动维修开关拔下，切断高压电，最后检查故障原因。如发现电制动突然缺失，应深踩制动踏板，靠气制动控制车辆行驶。在行驶过程中，一般电制动可恢复正常，如不恢复或电制动缺失频次较高，则交车时须通知保养部门进行维修。

3. 电池异常

驾驶员在行驶过程中如果发现电池温度超过温度报警上限、有异味或者电池舱内有烟冒出，须立即将车辆靠边停好，将手动检修开关拔掉，用以切断车体高压电，及时疏导乘客有序下车，使所有乘客和车辆保持一定的安全距离，并立即通知相关负责人前往现场处理。

4. 发生火灾

如果出现车辆设施、零部件失火的情况，应立即停车开启车门疏散乘客，并使乘客与车辆保持安全距离。佩戴绝缘手套，打开车门紧急开关，关闭高低压电源。取出灭火器，给车厢和燃烧部分降温灭火，避免火势蔓延。如果火势较大，应立即拨打"119"火警求助。

5. 雨天行车

雨中行车，遇有积水区且水深在 50mm 时，要将减震气囊升到最高位置，并低速行驶，防止雨水冲刷浸泡造成车辆损坏。遇积水区水深 100mm 以上时，应立即停止行驶，并选择路段地势最高处停车。停车后，应立即关闭所有门窗，严防雨水进入车厢。若车辆出现漏电情况，应立即停车，用车门应急开关打开车门，切断电源后疏散乘客，并及时将情况通知车队。

8.3.3 电动公交车电池维护管理

充电时切忌"误发动"现象。与普通加油站不同，在充电站里，可以使用手机和手提电脑，但有一点必须注意：充电时，人如果不下车，失误发动汽车，会造成短路，人可能会有危险，后果很严重。所以，在充电站充电时，驾驶员和乘客必须下车，如果不下车，车钥匙要交予工作人员保管。

少用"杂牌"充电站，禁止大电流不控温式充电。即使应急充电，也应随时监测电池温度，如果发现温度升高，应马上停止充电。锂电池大电流充电时，注意不要靠近，以免发生意外。

公交车自燃事件使汽车厂商、电池服务商及充电设施运营商开始重视电动汽车充电的安全问题。目前的充电器都是开关电源设计,长期的颠簸会导致电子线路板和元件之间产生开焊的现象。如果是取样电路发生故障,那么充电电压会大幅度升高,造成电池短时间内鼓包,严重的会发生火灾。

8.4 微循环纯电动公交车线路运用主要建议

根据微循环线路客流量、续驶里程及充电时间,可进行适用性和经济指标分析,制定符合实际需求的配车数量。同时,在示范运行的基础上,开展纯电动公交车的技术经济性分析、纯电动公交车微循环线路电池充电和续驶里程与运营关键参数经济分析,可为今后逐步扩大应用规模奠定技术基础。

8.4.1 主要运营建议

1. 运营模式及相关指标

早晚高峰运行模式:停靠沿线所有站点,运行时间为上午3.5~4h,下午4h。

全天10h运行模式:停靠沿线所有站点。

运营管理考核指标:全日司乘计划公里目标责任制、耗电率目标责任制。

充电方式:一般情况下每天上午跑3圈充电,下午跑3圈充电,每趟往返后充电,上午充电1~2次,下午充电2次。

2. 不同用电结构情景下的适配线路长度

情景1:节能模式。

(1)10h司乘配班下电动公交车最佳充电次数为4~5次;日完成里程为200~300km。

(2)日能耗在150~300kW·h。

(3)速度快,里程长;速度慢,续驶里程下降明显,最佳速度范围为20~30km/h。

情景2:不开空调,只开一组车内灯,LED开。

(1)续驶里程下的圈数为2~4圈。

(2)12m纯电动公交车最佳线路长度为9~21km。

情景3:开空调,只开一组车内灯,LED开。

(1)续驶里程下的圈数为2~4圈。

(2)12m纯电动公交车最佳线路长度为9~21km。

情景4：开空调，开两组车内灯，LED开。

（1）道路工况条件好、速度在20km/h以上、高峰8h运行的纯电动公交车在冬季气温低、早晚需要保证4圈开暖风要求并且运行2圈以上再充电的情况下，微循环线路长度不宜超过6.5km；在速度＜20km/h的情况下为保证线路发车间隔，可适当增加配车数量。

（2）如果采取1圈往返充电，则微循环线路长度可增加，这时车辆和充电桩的比例将会增大。

8.4.2　微循环纯电动公交车示范运行社会效益

微循环线路初步实现了预期的社会效益，主要包括以下三点：

（1）改善了公交快普支微四级网络中常规公交盲区的出行状况，尤其是在新建的大型社区中，"最后一公里"出行得到极大的改善。

（2）完善了与轨道交通站点和其他交通节点的接驳情况。通勤、通学客流在早晚高峰较大，由于常规公交线路数量少，这部分乘客选择私家车或出租车、"黑车"等较多，对道路交通安全和交通管理都有影响。开通微循环公交线路，可以满足居民便捷的公共交通接驳换乘需求。

（3）作为大型办公区、商业区内部和周边区域的联络线的微循环线路为区域内大量的人员流动提供了公共交通出行服务。

8.4.3　微循环纯电动公交车结构选择建议

根据从运用故障方面和道路工况下线路长度与车辆续驶里程的关系方面对纯电动公交车的适用性的分析，提出如下改进建议：

（1）提高稳定性。纯电动公交车（快充模式）运营主要故障来自车辆设计结构和动力系统的稳定性。车辆设计结构中，车门采用旅游车外开车门，而微循环线路站点多、频繁开关门，容易出现门无法关闭的情况，从而导致整个车辆电力系统不能正常运行。此外，车辆设置副驾驶座位给小型车空间利用带来不便；微循环和短途使用是否需要配置暖风、空调也有待商榷。

（2）重视研究动力系统与续驶里程之间的关系。由于微循环线路在社区、商业区、城市四级道路网络上，道路较窄，慢行交通车流较多，加之站间距较小，因此车辆速度较低，耗电很明显，车辆动力系统管理用电状态、故障分析功能应完善，设备的可靠性应较高；总电量一定的情况下，低速行驶会降低续驶里程，从而对微循环线路长度有一定影响。

8.5 微循环线路 6~8m 纯电动公交车运营性能改进建议

8.5.1 6~8m 纯电动公交车适配线路

(1) 从 6~8m 车的载客量角度考虑,对于高峰小时通勤和通学客流为主、断面客流量小于 350 人次的线路,可以开行微循环线路,并采取高峰时段运营模式,最佳线路长度为 6.5~10km。

(2) 从道路等级条件和运行速度角度考虑,对于速度在 20km/h 以上、高峰断面客流量大于 350 人次的公交线路,建议开行 10~12m 车,以提高公交车辆运行效率。当速度小于 20km/h 时,建议开行联络线等。

(3) 从充电快、不影响运营调度角度考虑,微循环线路最大长度建议为 10.5km,并采取高峰 8h 运行模式。

8.5.2 电动公交车运用和充电设施布设分析

根据北京市微循环纯电动公交车技术参数测算和示范线路运营效果,建议如下:

(1) 重点功能区:重点功能区是用地高度集中开发的区域,也是交通需求集中的地区。在这些地区,需要公共交通承担更大的比例,对于面积较大的重点功能区,为了方便功能区内的联系,需开辟微循环线路。

(2) 重点保护地区。重点保护地区有很多历史文化街区和文物保护单位,采用微循环电动公交车运营,可缓解空气污染和噪声污染。

(3) 大型社区周边枢纽站是联系不同交通方式或多条公交线路、供居民接驳换乘的大型站点,微循环线路可重点解决出行"最后一公里"问题。可在具有较大型公交停车场的枢纽站中设置较大规模的充电站,其余枢纽站根据具体情况可设置小型规模的充电站。

(4) 首、末站为微循环公交线路的始发站和终点站,也是夜间驻车的主要场所,原则上选择占地规模较大的公交首、末站设置中小型规模的充电站。

(5) 在社区和商业区之间,微循环线路尽量接驳地铁。客流量不大的地区,从便民角度和绿色出行角度,可开行全天运行的微循环线路。

8.5.3 政策和建议

1. 电池和车辆部分

示范运营的车辆,在技术、产品成熟度和质量方面有待提高,尤其是对于动力电池的质保年限要求,阶段性衰减检测和即将过保时,需要检测确认其安全性再继续运营,这也可为纯电动公交车定期系统检修制度和规章的制定提供基础条件。

(1)完善系统性失败防范措施。充电系统运营单位、数据监控平台、整车企业应对监控数据给予重视,在充电过程中监控数据出现异常时,及时采取必要措施,实时分析监控数据,避免火灾等事故发生。

(2)加强电池管理系统报警、电压超过充电机自身保护电压检测及单体最高电压报警措施和能力,并加强对电池箱相对集中的车辆尾部电池舱的环境温度的控制。

(3)提高动力电池安全可靠性。应制定电池系统过充电保护措施,防止过充造成多个电池箱先后发生动力电池热失控、电解液泄漏、引起短路、火灾的发生。

(4)加强车-充电机-后台监控等互联系统的安全保护设计。

2. 充电桩部分

充电桩由桩体、电气模块、计量模块等部分组成,充电桩包括交流充电桩和直流充电桩,是为电动公交车提供动力的设备之一。

(1)电动公交车的充电桩,从公交车线路长度和运营调度角度考虑,在一些线路上可以成组进行设置,以提高利用率。

(2)借鉴国内其他城市快速充电模式的电动公交车辆技术经济性耗能核算方法,在充电桩基本功能为供电或充电、计量和通信的基础上,推行公交车一车一卡充电记录的扩展计费功能。

3. 电动公交车的运行环境部分

(1)电动公交车使用的专用充电站宜设置在公交汽车枢纽站、公交专用停车场附近。充电区应考虑安装防雨设施,以保护站内充电设施,方便驾驶员和乘客避雨。

(2)通过6~8m纯电动公交车的示范运营,积累经验和数据,改善纯电动公交车的运行环境。

(3)线路重点布设在大型社区、客流集散点、地铁接驳。

(4)基于电动公交车充电站分布,进行充电方式的设计和电动公交车效能分析;分析制定符合实际需求的配车数量、电动公交车充电和续驶里程关键参数条件;结合电动公交车的行驶工况、续驶里程等,开展电动公交车延伸运行技术方案的研究。

参 考 文 献

[1] 艾姝琳.北京城市交通管理的协同问题研究[D].北京:北京交通大学,2009.
[2] 白高平.电动汽车充(放)电站规模化建设与电网私营性研究[D].北京:北京交通大学,2011.
[3] 曹中义.电动汽车电动空调系统分析研究[D].武汉:武汉理工大学,2008.
[4] 陈德兵,叶磊,杨杰.低温对纯电动汽车续驶里程的影响分析[J].汽车技术与研究,2012(2):49-57.
[5] 陈识为.纯电动公交车电传动系统研究[D].成都:西南交通大学,2012.
[6] 陈勇,孙逢春.电动汽车续驶里程及影响因素的研究[J].北京理工大学学报,2001,21(5):578-582.
[7] 代倩,段善旭,蔡涛,等.电动汽车充换电站的成本效益模型及敏感性分析[J].电力系统自动化,2014,38(24).
[8] 丁楠楠.城市电动公交客车的动力系统优化匹配与能效分析[D].哈尔滨:哈尔滨理工大学,2014.
[9] 韩姝颖.能源安全导向的中国能源多样化路径选择[D].大连:大连理工大学,2009.
[10] 韩笑.纯电动公交车充电站运营规划及仿真[D].北京:北京交通大学,2010.
[11] 何战勇.电动汽车充电站规划方法及运营模式研究[D].北京:北京交通大学,2012.
[12] 何洪文,孙逢春,余晓江.电动公交车 BJD6100-EV 市区行驶能耗分析[J].北京理工大学学报,2004,24(3):222-225.
[13] 姬芬竹,高峰,周荣.电动汽车传动系数参数设计和续驶里程研究[J].辽宁工程技术大学学报,2006,25(3):426-428.
[14] 焦慧敏.电动汽车动力电池剩余电量的预测方法及其实现[D].长沙:湖南大学,2006.
[15] 靳莉.电动公交车电池状态与运营匹配关系研究[D].北京交通大学,2011.
[16] 康继光,卫振林,程丹明,等.电动汽车充电模式与充电站建设研究[J].电力需求侧管理,2009(5),37-39.
[17] 赖祥翔.基于 VA 概率分布的电动汽车能耗实时计算模型研究[D].长春:

吉林大学,2013.

[18] 李顶根,邓杰,陈军.电动汽车车载SOC测量及续驶里程的研究[J].工业仪表与自动化装置,2008(5):91-94.

[19] 李国良,初亮,鲁和安.电动汽车续驶里程的影响因素[J].吉林工业大学自然科学学报,2000,30(3):20-24.

[20] 李荟敏,谭跃雄,梁裕国,等.提高电动公交车经济性的营运方式与技术方案[J].汽车科技,2006(3):20-26.

[21] 李继尊.中国能源预警模型研究[D].东营:中国石油大学,2007.

[22] 李晓光.公交客车纯电动动力性能分析与电驱动系统设计研究[D].长沙:中南大学,2006.

[23] 李哲,卢兰光,欧阳明高.纯电动汽车市场化的成本障碍与产业发展对策[J].徐州师范大学学报,2011,32(1):155-158.

[24] 林海.电动公交车结构强度分析[D].淄博:山东理工大学,2013.

[25] 刘光明,欧阳明高,卢兰光,等.基于电池能量状态估计和车辆能耗预测的电动汽车续驶里程估计方法研究[J].汽车工程,2014,36(11):1302-1309.

[26] 刘灵芝,张炳力,汤仁礼.某型纯电动汽车动力系统参数匹配研究[J].合肥工业大学学报(自然科学版),2007,30(5):591-593.

[27] 刘维.基于电动公交车再生制动信息处理与效率分析的能耗管理优化策略[D].重庆:重庆大学,2013.

[28] 刘伟锋.我国碳排放的影响因素分析及能源价格政策研究[D].上海:上海交通大学.2009.

[29] 刘志鹏,文福拴,薛禹胜,等.电动汽车充电站的最优选址和定容[J].电力系统自动化,2012(3).

[30] 马丽乔.纯电动公交充电站项目运营评估及投融资模式的研究[D].西安:西安建筑科技大学,2012.

[31] 牛利勇.纯电动公交充电系统关键技术研究[D].北京:北京交通大学,2008.

[32] 任玉珑,李海峰,孙睿,等.基于消费者视角的电动汽车全寿命周期成本模型及分析[J].技术经济,2009,28(11):54-58.

[33] 宋亚辉.城市电动汽车充电线设施布局规划研究[D].北京:北京交通大学,2011.

[34] 宋媛媛.基于行驶工况的纯电动汽车能耗建模及行驶里程估算研究[D].北京:北京交通大学,2014.

[35] 孙浩.城市交通能源消耗模型研究[D].北京:北京交通大学,2011.

[36] 孙逢春,王震坡,孙立清.电动汽车技术经济性分析与研究[J].中国电动汽车研究与开发,2002.

[37] 汪成.中国能源结构调整中核电发展及技术经济分析[D].武汉:华中科技大学,2006.

[38] 王芳芳.多等级纯电动公交充电站选址问题研究[D].北京:北京交通大学,2014.

[39] 王欢林.电动汽车充电站选址定容研究[D].北京:华北电力大学,2013.

[40] 王宁,蒋静.纯电动汽车技术经济性评价[J].中国科技资源导刊,2014,46(5).

[41] 王晓丹.纯电动客车空调系统参数匹配与设计研究[D].长春:吉林大学,2009.

[42] 王相勤.当前我国电动汽车发展的瓶颈问题及对策[J].能源技术经济,2011(3).

[43] 王燕燕.青岛海霸能源集团有限公司[J].汽车电器,2011,(10):31-37.

[44] 王阳.纯电动公交车充电需求特性及充电设施规划方法的研究[D].北京:华北电力大学,2012.

[45] 王震坡,孙逢春.电动汽车能耗分配及影响因素分析[J].北京理工大学学报,2004(4):306-310.

[46] 王震坡,姚利民,孙逢春.纯电动汽车能耗经济性评价体系初步探讨[J].北京理工大学学报,2005(6):480-486.

[47] 温泉.纯电动城市空调公交动力系统设计与开发研究[D].天津:天津大学,2013.

[48] 吴春阳,黎灿兵,杜力,等.电动汽车充电设施规划方法[J].电力系统自动化,2010(24).

[49] 徐贵宝,王震坡,张承宁.电动汽车续驶里程能量计算和影响因素分析[J].车辆与动力技术,2005(2):54-61.

[50] 徐文乐.纯电动汽车续驶里程BRF神经网络预测算法的研究[D].北京:北京交通大学,2012.

[51] 杨峰,博俊.纯电动汽车经济性比较与分析[J].武汉理工大学学报(信息与管理工程版)2009,31(2):286-288.

[52] 杨磊.纯电动汽车能耗经济性分析[J].新能源汽车,2007(8):11-13.

[53] 杨磊.纯电动汽车能耗经济性研究[J].农业装备与车辆工程,2007(9):24-26.

[54] 袁磊.纯电动公交车能耗经济性与灵敏度分析[J].机械工程设计,2013(1):1-7.
[55] 袁苑,钱立军,许宏云.基于 CRUISE 中型纯电动客车动力匹配仿真[J].农业装备与车辆工程,2012,50(5):15-21.
[56] 张臣.超级电容电动公交车动力系统匹配研究与设计[D].上海:上海交通大学,2006.
[57] 张国亮.城市内和城市间电动汽车充电站的选址布局研究[D].天津:天津大学,2012.
[58] 张金涛.电动汽车城市道路工况自学习方法的研究[D].天津:天津大学机械工程学院,2008.
[59] 张明.基于指数分解的我国能源相关 CO_2 排放及交通能耗分析与预测[D].大连:大连理工大学,2009.
[60] 张锐.纯电动公交电池管理系统的设计与实现[D].北京:北京交通大学,2007.
[61] 张同.纯电动汽车动力系统研究[D].武汉:武汉理工大学,2011.
[62] 张万兴.电动汽车动力电池剩余容量和续驶里程预测研究[D].合肥:合肥工业大学,2012.
[63] 张维戈,张帝,温家鹏,等.电动公交更换式充电站的优化设计[J].北京交通大学学报,2012(2).
[64] 张子起.纯电动汽车动力系统控制技术的研究[D].武汉:武汉理工大学,2012.
[65] 周飞鲲.纯电动汽车动力系统参数匹配及整车控制策略研究[D].长春:吉林大学,2013.